HISTOIRE

DU

PALAIS-ROYAL.

PARIS, IMPRIMERIE DE GAULTIER-LAGUIONIE,
rue de Grenelle-Saint-Honoré, n. 55.

HISTOIRE

DU

PALAIS-ROYAL.

PARIS.

1830.

PRÉFACE.

S. A. R. M⁰ʳ le duc d'Orléans ayant conçu l'idée de faire représenter, dans une série de tableaux de même dimension, les principales scènes historiques dont le Palais-Royal a été le théâtre, et de les réunir dans une seule galerie, il nous a paru intéressant de faire le récit général des événemens auxquels elles se rattachent, et d'y joindre sur les personnages qui ont pris part à ces événemens, aussi bien que sur ceux qui ont habité ou possédé le Palais-Royal, les détails biographiques nécessaires pour former l'histoire de ce qui s'y est passé de plus remarquable pendant les deux siècles qui se sont écoulés depuis sa fondation en 1629 jusqu'à l'époque où nous écrivons (1830). Mais nous avons senti que notre travail eût été incomplet, si le Palais-Royal n'y avait pas été considéré aussi sous le rapport de l'art et des nombreux changemens qu'il a subis. Nous avons puisé à diverses sources pour suppléer, sous ce rapport, à notre insuffisance; mais nous nous sommes particulièrement éclairé des précieux documens que renferme l'écrit intitulé : *Le Palais-Royal*, 1829, rédigé par M. Fontaine. Nous nous sommes fait un devoir, dans l'intérêt de nos lecteurs, d'y copier littéralement la plus grande partie des détails relatifs à l'architecture : c'est un hommage que nous avons rendu au célèbre architecte, qui, de la même main dont il a restauré le Palais-Royal, a tracé la fidèle description des vicissitudes qu'a éprouvées cet édifice, avant d'arriver à l'état de splendeur où il se trouve aujourd'hui.

HISTOIRE DU PALAIS-ROYAL.

CHAPITRE PREMIER.

Le Palais-Cardinal, depuis Palais-Royal, bâti et habité par le cardinal de Richelieu.

1629—1642.

Louis XIII était sur le trône, et Richelieu gouvernait la France; ce prélat, tour à tour galant, politique et guerrier, soutenait des thèses d'amour, écrivait des mandemens religieux, présidait le conseil, et dirigeait les armées. Haï de Marie de Médicis, que son ingratitude laissa mourir dans l'exil; redouté de son roi, menacé par les puissances étrangères dont il abaissa l'orgueil; envié de tous les courtisans qu'il forçait à s'humilier devant lui; exposé sans cesse aux intrigues, aux poignards de ses ennemis, il triompha de toutes les haines, de tous les obstacles, de tous les dangers, par l'ascendant de son génie, l'inflexibilité de son caractère, et le sanguinaire abus d'un pouvoir sans mesure et sans frein; et il balaya sans pitié sur les avenues du trône tout ce qui pouvait embarrasser sa marche, ou gêner son ambition.

Mais c'était peu de diriger les affaires du royaume, et de maîtriser les destinées de l'Europe; c'était peu de surpasser son prince en autorité, il voulut l'égaler en magnificence.

En 1629, il avait fait bâtir, par son architecte Jacques Lemercier (1), un simple hôtel auquel il avait donné son nom, à l'extrémité de Paris, au pied du mur d'enceinte de la ville élevé par Charles V, et sur l'emplacement des hôtels d'Armagnac et de Rambouillet, qu'il avait achetés et fait démolir (2). Bientôt il s'y trouva gêné ; la demeure du

(1) Natif de Pontoise : c'est aussi la patrie de M. Fontaine. Ce n'est pas une chose indigne de remarque, que la même ville ait produit les deux architectes célèbres qui ont, l'un commencé, l'autre achevé le Palais-Royal.

(2) Sauval prétend qu'il fut bâti sur les ruines des hôtels de Luxembourg et de Rambouillet; Piganiol, qui vint après lui, croit plus exact de dire que ce fut sur l'emplacement des hôtels de Rambouillet et de Mercœur. Jaillot, discutant ces diverses opinions, ajoute : « Il est constant que le connétable d'Armagnac possédait, rue Saint-Honoré, près les murs, un hôtel considérable, et qu'une partie du Palais-Royal en occupe l'emplacement. Le connétable ayant été sacrifié en 1418 à la haine du duc de Bourgogne, son hôtel fut confisqué et donné au comte de Charolois. Au commencement du seizième siècle, cet hôtel appartenait aux ducs de Brabant et de Juliers de la maison de Bourgogne. Quant à l'hôtel de Rambouillet et l'hôtel de Mercœur, c'est le même

cardinal suivit le cours de sa fortune, elle s'agrandit avec sa puissance. Le mur d'enceinte de la ville fut abattu, le fossé comblé, le jardin prolongé; de nouvelles acquisitions faites tant du côté de la rue des Bons-Enfans que de celui de la rue Richelieu (1), permirent d'étendre les bâtimens et leurs dépendances (2); enfin, en 1636, l'hôtel de Richelieu devint un palais, et fut appelé le *Palais-Cardinal*.

édifice auquel ces deux noms furent successivement donnés, le duc de Mercœur l'ayant acheté en 1602, pour agrandir celui qu'il avait dans la rue des Bons-Enfans. »

(1) Le cardinal avait fait percer cette rue, à laquelle il avait donné son nom, pour conduire à sa maison de campagne de la Grange-Batelière.

(2) Un relevé, fait aux archives du Palais-Royal, évalue les acquisitions faites par le cardinal, pour bâtir son palais, à 666,618 livres, somme considérable pour ce temps. Il faut ajouter à cette somme 150,000 livres, prix de l'hôtel de Sillery, que le cardinal acheta pour l'abattre, afin d'avoir une place devant son palais; mais il n'eut point le temps d'achever son projet. La démolition ne fut terminée qu'après sa mort, et par l'ordre de la reine régente, Anne d'Autriche.

Ce titre, écrit en lettres d'or au-dessus de la grande porte, éveilla la critique des beaux-esprits du temps. A leur tête, Balzac prétendit que cette inscription n'était ni grecque, ni latine, ni française: les grammairiens ne furent point de son avis; ils soutinrent que c'était un *gallicisme* consacré par l'usage, comme *l'Hôtel-Dieu, les Filles-Dieu, la Place Maubert;* mais si Balzac n'avait pas tout-à-fait raison, ceux qui prétendirent que la vanité avait plus de part que la grammaire dans cette inscription, n'avaient pas tout-à-fait tort.

Le plan du *Palais-Cardinal* était fort irrégulier; cela tenait aux nombreuses transformations qu'il subissait à mesure des changemens qui survenaient dans la fortune du propriétaire.

La principale entrée du *Palais-Cardinal* était sur la rue Saint-Honoré. On avait construit dans l'aile droite une vaste salle de comédie. « Cette salle, dit Sauval, pouvait contenir envi-

« ron trois mille spectateurs (1); elle était réser-
« vée pour les comédies de pompe et de parade,
« quand la profondeur des perspectives, la variété
« des décorations, la magnificence des machines
« y attiraient leurs majestés et la cour. Malgré ses
« petits défauts, c'est le théâtre de France le plus
« commode et le plus royal (2). Indépendamment
« de cette salle, le cardinal avait arrangé un sa-
« lon pour faire jouer les pièces que les comé-
« diens représentaient ordinairement au Marais-
« du-Temple. » C'est aussi là que, devant un
parterre choisi, où les flatteurs ne manquaient
pas, le ministre auteur, qui se croyait le rival de

(1) On croit qu'il y a ici exagération, car cette salle avait au plus trente-six pieds de largeur.

(2) Louis XIV donna cette salle à Molière en 1660, et, après la mort de l'auteur du Misanthrope, elle fut destinée aux représentations de l'Opéra. Brûlée le 6 avril 1763, réédifiée aussitôt par Louis-Philippe, duc d'Orléans, occupée de nouveau par l'Opéra, elle fut consumée une seconde fois par l'incendie de 1781.

Corneille, et qui n'était qu'envieux du *Cid*, faisait représenter son *Europe* et sa *Myrame* (1).

L'aile gauche du *Palais-Cardinal* était occupée par une galerie : « La plus superbe par-
« tie de ce beau lieu était la voûte peinte et
« conduite par Philippe de Champagne, le
« peintre favori du cardinal. Des tableaux, des
« rostres imités de l'antique, des chiffres du
« cardinal entourés de lauriers, étaient répan-
« dus dans cette voûte sur un grand fond d'or,
« peint en mosaïque avec autant d'ordre que
« d'esprit, et composaient ensemble comme une
« sorte de panégyrique à l'honneur du maître
« de la maison (2). » Ces peintures flattaient l'orgueil du cardinal; c'étaient des allégories où ses grandes actions, ses victoires, le bonheur de la France étaient représentés sous les plus brillantes

(1) Pièces attribuées au cardinal de Richelieu.
(2) Sauval, Histoire et Antiquités de la ville de Paris, 1724.

couleurs(1). La contre-partie de cette voûte historique n'eût pas été moins remarquable : Marie de Médicis expirant dans la misère sur un sol étranger ; Anne d'Autriche mandée au conseil, et contrainte d'avouer sa correspondance avec l'Espagne ; Ornano périssant dans les fers à Vincennes ; le

(1) C'est ainsi que le cardinal fit célébrer dans son palais, avec une pompe extraordinaire, les fiançailles de sa nièce Claire-Clémence de Maillé, fille du maréchal de Brezé, avec le duc d'Enghien, depuis le grand Condé. « On donna, le 17 février 1661, un ballet allégorique qui fut pour le ministre une espèce de triomphe. Ce ballet représentait la prospérité des armes de la France. Dans la première décoration on voyait la terre embellie de forêts, et l'*Harmonie* portée sur un nuage et accompagnée d'oiseaux mélodieux ; la seconde offrait une vue des Alpes couvertes de neige, avec l'Italie, sur une montagne ; et dans divers lointains les villes d'Arras et de Casal ; la troisième représentait une mer environnée d'écueils, et des vaisseaux au milieu desquels on distinguait trois syrènes. Un ciel ouvert, d'où descendaient les neuf muses, la terre ornée de fleurs et la Concorde sur un char brillant, formaient les deux dernières décorations. » (Jay, Histoire du ministère du cardinal de Richelieu.)

duc de Vendôme dans les cachots de Blois; Bassompierre enfermé à la Bastille; la duchesse de Chevreuse, le duc de la Valette, le duc de Guise obligés de fuir sur des terres d'exil; Chalais, Marillac, Montmorency, de Thou, Cinq-Mars, arrosant de leur sang les échafauds dressés par ordre du cardinal; une foule d'autres victimes sacrifiées au moindre soupçon d'un prélat qui disait de lui-même : « Je renverse tout, je fauche « tout, et ensuite je couvre tout de ma soutane « rouge..... » Mais quel pinceau eût osé tracer ces tableaux, dans un temps où la hache était levée sur tout imprudent qui se hasardait à inquiéter Richelieu dans sa grandeur, dans sa vanité ou dans sa gloire?

Dans l'aile gauche de la seconde cour était la *galerie des hommes illustres*, séparée de l'autre par la chambre du cardinal, devenue depuis la chambre de Louis XIV, sous la régence d'Anne d'Autriche, et sur l'emplacement de laquelle se trouve aujourd'hui la *salle du conseil*. Richelieu, en désignant les personnages qui devaient faire partie de cette galerie, ne s'était pas oublié lui-même (1). Ces portraits avaient été peints par

(1) Voici les noms des personnages dont se composait la galerie des hommes illustres :

Suger, abbé de Saint-Denis.
Simon, comte de Monfort.
Gaucher de Chatillon.
Bertrand Duguesclin.
Olivier de Clisson.
Boucicaut.
Dunois.
Jeanne-d'Arc.
Georges d'Amboise.
Louis de la Trimouille.
Gaston de Foix.
Bayard.
Charles de Cossé, duc de Brissac.
Anne de Montmorency.
François de Lorraine, duc de Guise.
Le cardinal Charles de Lorraine.
Blaise de Montluc.

Champagne, Vouet, Juste d'Egmont et Paerson. Des bustes en marbre séparaient les peintures; des distiques latins faits par *Bourdon*, *le Santeuil du temps*, accompagnaient les devises composées en l'honneur des *hommes illustres* par *Guisse*, interprète royal. Enfin, rien n'avait été épargné pour donner à cette galerie l'apparence de la grandeur et de la majesté royale. Le théâtre retentissait sans cesse des éloges dont tout Paris saluait la

>Armand de Gontaut-Biron.
>Lesdiguières.
>Henri IV.
>Marie de Médicis.
>Louis XIII.
>Anne d'Autriche.
>Gaston, duc d'Orléans.
>Le cardinal de Richelieu.

L'historique de cette galerie, avec la gravure et les devises des portraits, a été fait par M. de Vulson, sieur de la Colombière, gentilhomme ordinaire du roi, en 1655. Cet ouvrage existe dans la bibliothèque du Palais-Royal.

demeure du premier ministre, et on répétait avec Corneille:

« Non, l'univers entier ne peut rien voir d'égal
« Aux superbes dehors du Palais-Cardinal:
« Toute une ville entière, avec pompe bâtie,
« Semble d'un vieux fossé par miracle sortie,
« Et nous fait présumer, à ses superbes toits,
« Que tous ses habitans sont des dieux ou des rois (1). »

Lorsque le cardinal eut achevé de décorer l'intérieur de son palais avec une magnificence inconnue jusqu'alors mais entachée du goût du temps, il crut ne pouvoir mieux faire éclater sa reconnaissance pour les faveurs extraordinaires qu'il avait reçues de Louis XIII, ou peut-être aussi ne pouvoir mieux apaiser la secrète jalousie du roi, qu'en lui cédant la propriété de cet édifice; et, le 6 juin 1636, il en fit une donation entre-vifs à ce monarque (2); donation qu'il re-

(1) Corneille, le *Menteur*, acte II, scène V.
(2) Le roi fit expédier à Claude Bouthillier, surintendant

nouvela par son testament, daté de Narbonne, en 1642.

C'est de cette ville qu'instruit de la conspiration de Cinq-Mars, il partit pour Tarascon, où il reçut la visite du roi, qui venait se faire pardonner par son ministre d'avoir en secret souhaité le succès de l'entreprise de son jeune favori. Après

des finances, un pouvoir pour accepter cette donation. Ce pouvoir était conçu en ces termes :

« S. M. ayant très agréable la très humble supplication qui lui a été faite par M. le cardinal de Richelieu d'accepter la donation de la propriété de l'hôtel de Richelieu au profit de S. M. et de ses successeurs rois de France; ensemble sa chapelle de diamans, son grand buffet d'argent ciselé et son grand diamant, à la réserve de l'usufruit et de ces choses la vie durant du sieur cardinal et à la réserve de la capitainerie et conciergerie dudit hôtel pour les successeurs ducs de Richelieu, même la propriété des rentes de bail d'héritage constituées sur les places et maisons qui seront construites au dehors et autour du jardin dudit hôtel : ladite majesté a commandé au sieur Bouthillier, son conseiller en son conseil d'état et surintendant de ses finances, d'accepter au nom de sadite majesté la donation.... »

cette entrevue, le roi regagna tristement Paris, et le cardinal remonta le Rhône jusqu'à Lyon, traînant *à la remorque* Cinq-Mars, son prisonnier, enchaîné dans une barque. Après avoir livré cet infortuné à Laubardemont, ministre de ses vengeances, il repartit pour la capitale. Son voyage ressemblait à une marche triomphale, ou plutôt à une pompe funèbre, car déjà la pâleur de la mort était sur son front, et la chambre ornée d'or et de fleurs (1), dans laquelle il se faisait porter sur les épaules de ses gardes (2), allait se changer en tombeau.

(1) On faisait abattre devant lui les portes des villes qui se trouvaient trop étroites pour laisser passer son fastueux équipage.

(2) A l'exemple du cardinal Charles de Lorraine, frère du duc de Guise, le cardinal de Richelieu avait obtenu du roi la faveur d'avoir des gardes, « dont l'ordre était de ne « l'accompagner pas seulement jusque dans le Louvre, mais « même de ne le pas quitter à l'autel, et de mêler ainsi l'o- « deur de la poudre à canon et de la mèche parmi l'odeur « de l'encens et des autres parfums sacrés. » C'est ainsi qu'on

En effet, dans la nuit du 28 novembre 1642, le cardinal fut saisi d'une grave douleur de côté avec la fièvre : Bouvard, premier médecin du roi, veilla toute la nuit auprès du lit du malade avec madame d'Aiguillon, nièce du cardinal; le lendemain, le roi, accompagné de M. de Villequier, capitaine des gardes, et de plusieurs autres seigneurs de sa cour, vint visiter le cardinal, lui fit prendre lui-même deux jaunes d'œufs, et lui promit d'avoir égard à ses dernières recommandations. Sorti de la chambre, il entra dans la galerie de tableaux, « où l'on remarqua, dit Mon- « trésor, qu'en se promenant, il ne put s'empê- « cher de rire plusieurs fois. » C'était la joie et la faiblesse d'un captif heureux de voir briser par la nature une chaîne qu'il n'avait pas eu la force de

les voit dans le tableau de M. Delacroix (*Galerie historique du Palais-Royal*), où le cardinal de Richelieu est représenté disant la messe dans sa chapelle au milieu de ses gardes.

rompre lui-même. Vingt-quatre heures après, le cardinal expira : c'était le 4 décembre 1642 (1).

Le plan, gravé par Laboëssière en 1679, atteste que les éloges emphatiques donnés au Palais-Cardinal par les contemporains, s'adressaient plus à la puissance de Richelieu qu'à la beauté de sa demeure. Il faut, il est vrai, faire la part du temps ; mais, en examinant cette réunion de constructions irrégulières, placées au centre de la ville, entourées de bâtimens, rattachées les unes aux autres sans goût, sans ordre ni méthode, on demeurera convaincu que cet édifice ne pouvait avoir rien de royal, ni paraître digne de la haute destination qui lui avait été assignée par l'orgueil du cardinal.

(1) Galerie historique du Palais-Royal, tableau de Droling, *Richelieu au lit de mort.*

CHAPITRE II.

Le Palais-Cardinal, devenu Palais-Royal sous la régence d'Anne-d'Autriche.

1643—1652.

Le testament de Richelieu avait mis Louis XIII en possession du palais Cardinal; mais l'état languissant de ce monarque ne lui permit pas de venir l'habiter. Comme si le ciel avait attaché sa destinée aux jours de son ministre, il ne lui survécut que de quelques mois ; c'est au château de Saint-Germain qu'il mourut, le 14 mai 1643, triste et sombre au milieu d'une cour peu nombreuse qui n'entoura son lit d'aucun de ces regrets qui sont la consolation des mourans. Anne d'Autriche, devenue régente, quitta le Louvre et vint, le 7 octobre 1643, avec ses deux fils, Louis XIV et le duc d'Anjou, encore enfans, habiter le palais Cardinal, qui prit alors le nom de *Palais-Royal* (1). La duchesse d'Aiguillon, nièce de Richelieu, supplia la reine de rétablir la première inscription de *Palais-Cardinal.* « Il est peu « séant, lui dit-elle, de faire injure aux morts par« ce qu'ils ne peuvent la repousser : en honorant la « mémoire du cardinal de Richelieu, vous immor« taliserez votre nom (2). » Ces mots, arrosés de

---

(1) « Le marquis de Fourillé, qui était alors grand maréchal-des-logis de la maison du roi, représenta à la reine régente qu'il ne convenait pas que le roi demeurât dans une maison qui portait le nom d'un de ses sujets ; et, sur ces raisons, la reine ordonna qu'on ôtât l'inscription. »

(PIGANIOL.)

(2) Sauval.

larmes, touchèrent la régente; l'inscription fut rétablie, mais l'usage prévalut, et cet édifice a toujours porté depuis le nom de *Palais-Royal*.

La démolition de l'hôtel de Sillery, commencée par le cardinal dans la vue de faire une place devant son palais, fut continuée par ordre de la régente; on abattit en même temps quelques édifices voisins pour construire des corps-de-garde, qui, avec quelques chétives maisons d'un aspect irrégulier, formaient la seule perspective de la demeure du souverain.

Louis XIV, alors âgé de cinq ans, fut installé dans la chambre du cardinal; son appartement était petit, mais commodément situé, entre la galerie des hommes illustres qui occupait l'aile gauche de la seconde cour, et la galerie qui régnait le long de l'aile de l'avant-cour, où *Champagne* avait peint les plus beaux traits de la vie du Cardinal.

L'appartement de la reine-régente était beaucoup plus vaste, plus élégant. Non contente de ce que Richelieu avait fait, elle ajouta au luxe des ornemens qu'il avait prodigués : elle confia le soin de ces embellissemens intérieurs à Jacques Lemercier, devenu son architecte, et à Vouet, « qui passait (dit Sauval) pour un des meilleurs « peintres de l'Europe, et lui-même le croyait si « bien, qu'il ne faisait aucune difficulté de s'en « vanter. »

Son grand cabinet, *qui fut long-temps la merveille et le miracle de Paris* (1), était l'ouvrage du cardinal; mais elle se fit construire de plus

---

(1) On admirait dans ce cabinet un tableau de Léonard de Vinci; la parenté de la Vierge, d'Andréa del Sarto; un Énée sauvant Anchise, d'Annibal Carrache; une nativité de Gaudentio; une fuite en Égypte du Guide, un saint-Jean monté sur un aigle, attribué à Raphaël; deux tableaux du Poussin, avec les pélerins d'Émaüs, de Paul Véronèse.

Anne d'Autriche fit transporter plus tard ces tableaux originaux à Fontainebleau, dans l'appartement qu'elle fit faire pour elle dans cette résidence royale.

une salle de bain, un oratoire et une galerie. Tout ce que le goût du temps avait pu créer de fleurs, de chiffres, de paysages, d'idylles en peintures, avait été semé sur un fond d'or dans la salle de bain (1). L'oratoire était orné de tableaux où Champagne, Vouet, Bourdon Stella, Lahire, Corneille, Dorigny et Paerson avaient peint la vie et les attributs de la Vierge. Une seule croisée dont les grands carreaux de cristal étaient montés dans de l'argent, et soutenus par des points et des triangles d'argent ciselés avec art, éclairait cette retraite mystérieuse où les intrigues de la politique se mêlèrent plus d'une fois aux pratiques de la religion.

Sa galerie était placée à l'endroit le plus retiré; Vouet l'avait couronnée d'un plafond doré; le parquet était une marqueterie artistement travaillée par Macé. C'est là que le grand conseil se

---

(1) Les fleurs étaient de *Louis*; les paysages de *Belin*.

tenait; c'est là encore que la Régente fit arrêter les princes de Condé, de Conty, et le duc de Longueville.

La vue des appartemens de la reine était sur le jardin. Pour en respirer l'air avec plus de liberté, elle fit construire un balcon par J. Lemercier, qui l'embellit d'une élégante balustrade, dont l'exécution fut confiée à maître Étienne de Nevers, serrurier ordinaire des bâtimens du roi. « Cette balustrade, dit Sauval l'*optimiste*, était ci-« selée avec plus de tendresse, de mignardise et « de patience, que ne pourrait être travaillé l'ar-« gent par les plus habiles orfèvres. »

Le jardin n'était alors ni beau ni régulier : il contenait un mail, un manége, et deux bassins dont le plus grand, appelé *le Rond d'eau*, était ombragé d'un petit bois. Louis XIV, dans son enfance, se laissa un jour tomber dans le bassin du petit jardin dit *Jardin des princes*.

Mais il fallait un appartement pour le duc

d'Anjou, depuis duc d'Orléans, frère du roi (1). Pour le pratiquer, on détruisit, à l'aile gauche du palais, dans la cour qui donne sur la place, la vaste galerie que Champagne avait consacrée à immortaliser les grandes actions du cardinal.

On ne peut écrire l'histoire du Palais-Royal à cette époque, sans retracer en grande partie l'histoire de la Fronde, cette parodie de la Ligue, si féconde à la fois en grands personnages et en petits événemens (2).

---

(1) Lire à ce sujet les mémoires de La Porte, valet de chambre de Louis XIV. On y trouve des détails curieux sur les jeux d'enfance des deux frères; mais la gravité de l'histoire ne permet pas toujours de les raconter.

(2) « Tantôt on était d'un parti, tantôt d'un autre. En 1651, après une discussion au parlement entre le prince de Condé et le coadjuteur, chacun rassembla autour de soi ses amis. Le marquis de Rouillac, fameux par son extravagance, qui était accompagnée de valeur, se vint offrir à moi. Le marquis de Canillac, homme du même caractère, y vint dans le même moment. Dès qu'il eut vu Rouillac, il me fit une grande révérence, mais en arrière en me disant : « Je

A la tête des principaux acteurs de cette tragi-comédie se présente la Reine-Régente Anne d'Autriche. Cette princesse avait de la beauté, de la grâce, de la dignité dans sa personne, et les plus belles mains du monde. Élevée dans les idées d'une galanterie alors permise en Espagne, mariée au plus froid des époux, au plus ennuyé des princes, elle ne se défendit pas d'un certain penchant à la coquetterie. Sa complaisance à accueillir les hommages fut mise au rang des infidélités par la jalousie du roi (1).

« venais, monsieur, pour vous assurer de mes services; mais
« il n'est pas juste que les deux plus grands fous du royaume
« soient du même parti. Je m'en vais à l'hôtel de Condé, » et
vous remarquerez, s'il vous plaît, qu'il y alla. »

(Mémoires de Retz, tome II, page 499.)

(1) « Madame de Chevreuse (dit Retz,) m'a conté plusieurs fois que la reine n'était Espagnole ni d'esprit, ni de corps; qu'elle n'avait pas la vivacité de sa nation, qu'elle n'en tenait que la coquetterie, mais qu'elle l'avait au souverain degré;

Humiliée par Louis XIII, persécutée par Riche-

que M. de Bellegarde, vieux, mais poli et galant à la mode de Henri III, lui avait plu; mais qu'elle s'en était dégoûtée, parce qu'en prenant un jour congé d'elle, lorsqu'il alla commander l'armée de La Rochelle, et lui ayant demandé en général la permission d'espérer une grace avant son départ, il s'était réduit à la supplier de vouloir bien mettre la main à la garde de son épée; qu'elle avait trouvé cette manière si sotte, qu'elle n'en avait jamais pu revenir; qu'elle avait agréé la galanterie de M. de Montmorency, beaucoup plus qu'elle n'avait aimé sa personne; que l'aversion qu'elle avait pour les manières de M. le cardinal de Richelieu, qui était fort pédant en amour, avait fait qu'elle n'avait jamais pu souffrir la sienne,....; qu'elle lui avait vu, dès l'entrée de la régence, une grande pente pour M. le cardinal (Mazarin); qu'elle lui avait vu dans des momens de certains airs qui avaient beaucoup de ceux qu'elle avait eus autrefois avec Buckingham [*]; qu'en d'autres elle avait remarqué des circon-

---

[*] Le souvenir de Buckingham resta long-temps cher à la reine. Un jour (1644) que Voiture était auprès d'elle, Anne d'Autriche lui demanda à quoi il pensait: le poète lui répondit par ces vers qu'elle a trouvés si jolis (dit madame de Motteville), qu'elle les a long-temps tenus dans son cabinet :

« Je pensais que la destinée,
« Après tant d'injustes malheurs,

lieu (1), elle avait inspiré cet intérêt que répand le

stances qui lui faisaient juger qu'il n'y avait entre eux qu'une liaison intime d'esprit. »

(1) Richelieu avait élevé, dit-on, son orgueil jusqu'à parler d'amour à Anne d'Autriche. Il fut blessé d'un refus, et

> « Vous a justement couronnée
> « De gloire, d'éclat et d'honneurs ;
> « Mais que vous étiez plus heureuse
> « Lorsque vous étiez autrefois,
> « Je ne veux pas dire amoureuse,
> « La rime le veut toutefois.
>
> « Je pensais, car nous autres poètes
> « Nous pensons extravagamment,
> « Ce que, dans l'humeur où vous êtes,
> « Vous feriez, si dans ce moment
> « Vous avisiez en cette place
> « Venir le duc de Buckingham ;
> « Et lequel serait en disgrâce
> « De lui ou du père Vincent. »

Louis XIII conserva jusqu'à sa dernière heure un souvenir amer des torts que sa jalousie supposait à la reine; car, lorsque Chavigny fut chargé par Anne d'Autriche d'assurer le roi, au lit de mort, qu'elle n'avait mérité aucuns reproches, ni dans les intrigues avec l'Espagne, ni sous d'autres rapports, ce prince répondit : « Dans « l'état où je suis, je dois lui pardonner, mais je ne puis la « croire. »

malheur sur les personnes de son rang; mais devenue, après leur mort, maîtresse du souverain pouvoir elle en dépassa les bornes, et compromit plus d'une fois les intérêts et la sûreté du trône par

devint implacable[*]. C'est ainsi qu'on prétend qu'il descendit lui-même dans le cachot de Chalais, pour en tirer ou même *solliciter* des aveux qui pouvaient compromettre Anne d'Autriche. Elle avait, dit-on, avoué l'espérance d'épouser le duc d'Orléans, après la mort du roi que les médecins et les astrologues croyaient peu éloignée. Le roi eut le courage ou plutôt la cruauté de faire comparaître Anne d'Autriche en plein conseil. Là, il lui reprocha, avec un sourire amer, d'avoir souhaité un autre époux. « Je n'aurais pas assez ga-

[*] Quelques mémoires du temps parlent d'une déclaration que la brusque arrivée du roi aurait interrompue. Brienne, dans ses Mémoires recueillis et publiés avec tant de goût, de grace et d'intérêt, par M. Barrière, raconte que le cardinal, dans sa folle ivresse pour la reine, dansa devant elle une sarabande. « Richelieu, dit-il, était vêtu d'un pantalon de velours vert; il avait à ses jarretières des sonnettes d'argent, et il tenait en main des castagnettes. La reine, M. de Chevreuse, Beringhen, et le violon Bocco, étaient cachés derrière un paravent, d'où l'on voyait les gestes du danseur. La princesse ne paya que trop cher le plaisir qu'elle avait eu de voir danser une éminence. »

la hauteur de son caractère, l'irréflexion de ses premiers mouvemens et la violence de ses emportemens. Comme mère, elle eut des vertus recom-

gné au change, » répondit-elle avec dédain. Une autre fois Richelieu ayant découvert qu'Anne d'Autriche entretenait une correspondance secrète avec le roi d'Espagne et le cardinal infant, se servit avec succès de cette découverte pour rendre sa fidélité suspecte au roi. Elle cachait ses dépêches dans une cassette déposée dans un cabinet de son oratoire au Val-de-Grace, où elle se retirait fréquemment pour ses dévotions. Une religieuse de sa confidence les remettait entre les mains de Laporte, ancien domestique de madame de Chevreuse, qui rendait en échange les lettres de l'Infant. Le cardinal fit ordonner au chancelier Séguier d'aller, de la part du roi, au Val-de-Grace saisir cette correspondance pendant que la reine y serait. On dit que Séguier fit avertir la reine[*]. On ne trouva rien; mais Anne d'Autriche ne fut pas moins obligée de signer un écrit par lequel elle se reconnaissait coupable d'imprudence.

[*] Histoire du cardinal de Richelieu, par M. Jay. Mais Anne de Gonzague et madame de Motteville rapportent un mot de la reine à sa toilette, qui ferait croire que l'investigation du chancelier fut intime jusqu'à l'indiscrétion. De la Porte, dans ses Mémoires, page 143, dit : « Que la reine ayant caché une lettre dans son sein, le chancelier l'y voulut reprendre. »

mandables (1); comme reine, elle manquait de génie, et sa politique était tracassière.

Déclarée Régente dans le lit de justice du 18 mai 1643, elle ne vit dans le dépôt de l'autorité royale que le droit de n'éprouver aucune résistance à ses volontés. Naturellement ennemie des affaires, elle remit à Mazarin le soin de les diriger : la galanterie, autant que la politique peut-être, décida ce choix. Alors, on vit se renouveler

(1) Ses enfans ont arrosé son lit de mort de leurs larmes ; elle avait elle-même entouré leur berceau des soins les plus tendres. Il est impossible de porter plus loin la sollicitude maternelle, soit dans la maladie qui faillit enlever Louis XIV et son frère encore enfans, soit dans leur première éducation. Elle présidait elle-même aux leçons, et s'attachait à graver dans leur cœur de nobles sentimens, et à donner à leur esprit cette fleur d'aménité qui répandit par la suite sur la cour de Louis XIV tant d'élégance et tant d'éclat. On connaît sa réponse toute royale à Mazarin, qui cherchait à la sonder sur la passion du jeune Louis XIV pour Mancini, nièce du cardinal : « Si le roi était capable de cette indignité, « je me mettrais avec mon second fils à la tête de toute la « nation contre le roi et contre vous. »

les intrigues qui s'étaient élevées contre Marie de Médicis, à l'occasion de la scandaleuse omnipotence de Concini : le nouvel italien était plus fin, plus adroit, plus *soyeux*; souple jusqu'à l'humilité, caressant jusqu'à l'adulation, incapable d'une grande résolution, n'osant, comme Richelieu, attaquer de front les obstacles; souvent déconcerté par la violence irréfléchie de la reine, il temporisait, attendant de la ruse ce qu'il n'était pas en lui de demander au courage. Sa faveur irritait l'ambition des grands : sa qualité d'étranger servait de prétexte à la haine du peuple. La guerre s'alluma entre le parlement et la cour; on se donna des noms de faction : les partisans de la cour s'appelèrent *Mazarins*, les autres furent nommés *Frondeurs*. Bachaumont s'avisa de dire un jour en badinant « que le par« lement faisait comme les écoliers qui *frondent* « dans les fossés de Paris, qui se séparent dès qu'ils « voient le lieutenant-civil, et qui se rassemblent

« dès qu'il ne paraît plus. » Cette comparaison fut trouvée plaisante; on la célébra par des chansons. Le coadjuteur (De Retz) et ses amis prirent des cordons de chapeaux qui avaient la forme d'une fronde. Aussitôt le pain, les chapeaux, les gants, les mouchoirs, les éventails, les garnitures, les écharpes, tout fut à la *Fronde*.

Le parlement demandait l'éloignement de Mazarin; et dans cette vue il entravait toutes les opérations de la Régente. Blessée de cette résistance, elle n'écouta que sa colère; et pour intimider le parlement, elle fit enlever par Comminges, lieutenant de ses gardes, le 26 août 1648, Broussel, conseiller de la grand'chambre, qui fut mené à St-Germain, et Blancmesnil, président aux enquêtes, qui fut conduit à Vincennes.

« Je ne puis exprimer (dit le cardinal de Retz
« dans ses mémoires) la consternation qui parut
« dans Paris le premier quart-d'heure de l'enlè-
« vement de Broussel, et le mouvement qui s'y

« fit dès le second. La tristesse, ou plutôt l'abat-
« tement, saisit jusqu'aux enfans : on se regardait,
« on ne disait rien. On éclata tout d'un coup, on
« s'émut, on courut, on cria, on ferma les bou-
« tiques..... je pris le parti d'aller trouver la reine.
« Je sortis en rochet et en camail, et je ne fus
« pas arrivé au Marché-Neuf que je fus accablé
« d'une foule de peuple qui hurlait plutôt qu'il
« ne criait. Je m'en démêlai en leur disant que la
« reine leur ferait justice. Je trouvai sur le Pont-
« Neuf le maréchal de *La Meilleraye* à la tête des
« gardes, qui bien qu'il n'eût encore en tête que
« quelques enfans qui jetaient des pierres aux
« soldats, ne laissait pas d'être fort embarrassé,
« parce qu'il voyait que les orages commençaient
« à se grossir de tous côtés. Il fut très aise de me
« voir, il m'exhorta de dire à la reine la vérité;
« il s'offrit de venir lui-même rendre témoignage.
« J'en fus très aise à mon tour, et nous allâmes
« ensemble au Palais-Royal, suivi d'un nombre

« infini de peuple qui criait : Broussel ! Brous-
« sel ! (1) »

La reine était dans son grand cabinet avec *Monsieur* (Gaston duc d'Orléans), le cardinal Mazarin, le duc de Longueville, le maréchal de Villeroi, l'abbé de la Rivière, MM. de Beautru, de Guitaut, capitaine des gardes, et le comte Nicolas de Nogent.

La Meilleraye raconta avec force l'émeute dont il venait d'être témoin ; le coadjuteur confirma ce récit. Le cardinal sourit malignement ; la reine se mit en colère, et dit : « Il y a de la révolte à
« imaginer qu'on puisse se révolter : voilà les
« contes ridicules de ceux qui la veulent : l'auto-
« rité du roi y donnera bon ordre. »

« Tout ce qui était dans le cabinet (dit encore
« Retz, si précieux à consulter dans tout ce qui
« concerne les troubles de la Fronde) jouait la

(1) Galerie historique du Palais-Royal : tableau de M. Devéria.

« comédie. Je faisais l'innocent, et je ne l'étais
« pas; le cardinal faisait l'assuré, et il ne l'était
« pas autant qu'il le paraissait: il y eut quelques
« momens où la reine contrefit la douce, et elle
« ne fut jamais plus aigre. M. de Longueville té-
« moignait de la tristesse, et il était dans une joie
« sensible, parce que c'était l'homme du monde
« qui aimait le plus le commencement de toutes
« les affaires. M. d'Orléans faisait l'empressé et le
« passionné, en parlant à la reine; je ne l'ai ja-
« mais vu siffler avec plus d'indolence qu'il fit
« une demi-heure après, en entretenant Guerchy
« dans la petite chambre grise; le maréchal de
« Villeroy faisait le gai pour faire sa cour au mi-
« nistre, et il m'avouait en particulier, les larmes
« aux yeux, que l'État était sur le bord du préci-
« pice. Beautru et Nogent bouffonnaient et repré-
« sentaient, pour plaire à la reine, la nourrice
« du vieux Broussel (remarquez, je vous prie,
« qu'il avait quatre-vingts ans!), qui animait le

« peuple à la sédition : quoiqu'ils connussent
« très bien que la tragédie ne serait peut-être
« pas fort éloignée de la farce. Le seul et unique
« abbé de la Rivière était convaincu que l'émo-
« tion du peuple n'était qu'une fumée...... Sur ce
« que le bon-homme Vannes, lieutenant-colonel
« aux gardes, vint dire à la reine que les bour-
« geois menaçaient de forcer les gardes, le vieux
« Guitaut, homme de peu de sens, mais très af-
« fectionné, dit d'un ton de voix encore plus rau-
« que qu'à son ordinaire, qu'il ne comprenait pas
« comment il était possible de s'endormir en l'é-
« tat où étaient les choses. « Eh bien ! lui dit le
« cardinal, quel est votre avis ? « Mon avis est,
« lui répondit brusquement Guitaut, de rendre
« ce vieux coquin de Broussel mort ou vif ».
« Je pris la parole et je lui dis : « Le premier
« ne serait ni de la piété ni de la prudence
« de la reine ; le second pourrait faire cesser le
« tumulte.» La reine rougit à ce mot, et s'écria :

3.

« Je vous entends, monsieur le coadjuteur, vous
« voudriez que je donnasse la liberté à Broussel;
« je l'étranglerais plutôt avec les deux mains. » Et
« achevant cette dernière syllabe, elle me les
« porta presqu'au visage, en ajoutant : Et ceux
« qui.. (1). » Le cardinal, qui ne douta point qu'elle
« ne m'allât dire tout ce que la rage peut inspirer,
« s'avança et lui parla à l'oreille. Elle se composa
« à un point que, si je ne l'eusse connue, elle
« m'eût paru bien radoucie...... Enfin le maréchal
« m'entraîna, et tous les gardes du corps me por-
« taient amoureusement sur leurs bras, en me
« criant : « Il n'y a que vous qui puissiez remédier
« au mal. » Je sortis ainsi avec mon rochet et mon
« camail, en donnant des bénédictions à droite
« et à gauche. »

Cependant le parlement s'était assemblé pour
délibérer sur l'arrestation du conseiller Broussel,

(1) Galerie historique du Palais-Royal : tableau de
M. Scheffer.

que le peuple en armes redemandait à grands cris : il donna arrêt par lequel il fut ordonné qu'on irait en corps et *en habits*, c'est-à-dire en robes rouges, au Palais-Royal, redemander les prisonniers. L'arrêt fut exécuté à l'heure même. Le parlement sortit au nombre de cent soixante officiers, et se rendit auprès de la reine; mais Anne d'Autriche s'emporta et leur dit pour toute réponse : « Je sais bien qu'il y a du bruit dans la « ville, mais vous m'en répondrez, messieurs du « parlement, vous, vos femmes et vos enfans, » et elle rentra dans sa petite chambre grise, dont elle ferma la porte avec force.

Une seconde tentative, faite auprès de la reine à la prière du président de Mesmes, et sous les auspices du duc d'Orléans, ne fut pas plus heureuse. Le parlement sortit du Palais-Royal. Lorsqu'il fut arrivé à la barricade de la Croix du Tiroir, la multitude en fureur l'entoura, et un garçon rôtisseur s'avançant à la tête de deux cents hommes, et mettant la hallebarde dans le ventre du premier président, Molé, lui dit : « Tourne, « traître, et si tu ne veux être massacré toi-même, « ramène-nous Broussel, ou le Mazarin et le chan- « celier en ôtage. » Plusieurs conseillers se jetèrent dans la foule pour s'échapper. Le seul premier président se donna le temps de rallier ce qu'il put de la compagnie et revint au Palais-Royal au petit pas, tranquille et intrépide dans le feu des injures et des menaces. Malgré son éloquence, la reine demeurait inflexible. « Monsieur « fit mine de se jeter à genoux devant elle, dit le « cardinal de Retz; quatre ou cinq princesses(1), « qui tremblaient de peur, s'y jetèrent effective-

(1) Marguerite de Lorraine, duchesse d'Orléans, seconde femme de Gaston, frère de Louis XIII.

Gabrielle de Montmorency, princesse de Condé, douairière, sœur du maréchal, mère du grand Condé.

Claire de Maillé, princesse de Condé, femme du grand Condé.

Geneviève de Bourbon, duchesse de Longueville, sœur du grand Condé.

« ment. Le cardinal se joignit au gros de la cour
« et l'on tira enfin à toute peine cette parole de
« la bouche de la reine : « Eh bien ! messieurs du
« parlement, voyez donc ce qu'il est à propos de
« faire (1). » On s'assembla dans la grande galerie,
« on délibéra, et l'on donna arrêt par lequel il
« fut ordonné que la reine serait remerciée de la
« liberté accordée aux prisonniers. »

Cette concession, qui, faite de bonne foi, eût adouci les esprits, ne fit que révéler à la multitude le secret de sa force. Les ennemis de Mazarin, à la tête desquels se trouvait toujours le coadjuteur, recommencèrent avec plus d'acharnement leurs manœuvres. La reine, pour punir la capitale, qui demandait à grands cris la chûte et l'exil de son favori, résolut de se retirer à St-Germain avec le roi et toute la cour. Dans la nuit du 5 au 6 janvier, après avoir soupé gai-

(1) Galerie historique du Palais-Royal ; tableau de M. Steuben.

ment avec ses dames, qui la firent *reine du gâ-
teau des rois*, elle se déshabilla et donna secrètement tous les ordres nécessaires au départ.

« Les portes du Palais-Royal se fermèrent avec
« commandement de ne les plus ouvrir : la reine
« se releva ; le maréchal de Villeroy, à qui on
« donna connaissance de cette résolution quand
« il fut indispensable qu'il la sût, laissa dormir le
« roi jusqu'à trois heures du matin, puis le fit le-
« ver lui et *Monsieur*, pour les faire monter dans
« le carrosse qui les attendait à la porte du jardin
« du Palais-Royal : La reine se joignit au roi et à
« Monsieur : ces trois personnes royales furent
« suivies du maréchal de Villeroy, de Villequier
« et de Guitaut, capitaine des gardes de LL. MM.,
« de Cominges, lieutenant des gardes de la reine,
« et de madame de Beauvais, sa première femme
« de chambre. Ils descendirent par un petit es-
« calier dérobé qui de l'appartement de la reine
« allait dans le jardin, et, sortant par cette petite

« porte qui est par-delà le rond-d'eau, montèrent
« dans les carrosses qui les attendaient. La reine
« étant au Cours, qui était le lieu du rendez-vous,
« s'y arrêta pour attendre que le duc d'Orléans
« avec toute la maison royale fût venu la joindre.
« Mazarin se mit dans un carrosse à six chevaux,
« et s'en alla trouver la reine, qui l'attendait. Le
« duc d'Orléans, qui avait soupé chez le maré-
« chal de Grammont, étant arrivé au Luxem-
« bourg, fit éveiller Madame, qui se leva toute
« troublée de cette nouvelle : il fit aussi lever
« Mesdemoiselles ses filles, et toutes ensemble
« s'en allèrent où la reine les attendait. Made-
« moiselle, fille aînée du duc d'Orléans, qui avait
« été avertie par la reine même, alla se joindre,
« selon l'ordre qu'elle en avait reçu, avec la fa-
« mille royale. Le prince de Condé en fit autant
« dans sa maison : madame la princesse sa mère
« prit madame la princesse sa belle-fille et le pe-
« tit duc d'Enghien son petit-fils, encore au mail-

« lot, et vint de même grossir la troupe du Cours.
« Le prince de Conty fut aussi de la partie, et
« toute la maison royale étant assemblée elle
« prit le chemin de St-Germain en Laye (1). »

La seule duchesse de Longueville refusa de partir avec la cour; elle prit pour prétexte sa grossesse; mais la véritable cause de son refus était le plaisir de rester dans Paris à la tête de l'opposition. Cette charmante duchesse, dont *les yeux de turquoise* coûtèrent la vie au jeune Coligny, et rendirent La Rochefoucauld frondeur et poète, s'enivrait de l'idée de son triomphe. Pour le mieux assurer, elle attire à Paris le prince de Conty son frère, et le vieux duc de Longueville son époux, qui avaient suivi la cour, et, comme pour servir d'otage aux habitans de la capitale, elle va s'établir à l'Hôtel-de-Ville, accompagnée de la duchesse de Bouillon. Toutes

(1) Mémoires de madame de Motteville.
Galerie historique du Palais-Royal : tableau de M. Horace Vernet.

deux se montrèrent au peuple, belles de tous leurs charmes et de leurs enfans qu'elles tenaient dans leurs bras, et la multitude les salua avec enthousiasme. La duchesse de Longueville ajouta encore à sa popularité en faisant ses couches à l'Hôtel-de-Ville, où elle mit au jour un fils qui fut nommé du nom même de la ville de *Paris* (1). Mais le brillant échafaudage de cette royauté factice tomba devant la régente ramenant le jeune monarque dans sa capitale, après l'accommodement de St-Germain.

Anne d'Autriche se croyait tranquille, lorsqu'un ennemi plus redoutable parut sur la scène, se plaignant avec hauteur de son ingratitude, et mêlant le sarcasme à la menace ; c'était Condé. Condé avait un génie admirable pour la guerre ; son coup-d'œil était rapide et sûr, son courage à toute épreuve, son activité infatigable ; il aimait les dangers, les actions d'éclat, et la victoire lui

(1) Charles Paris d'Orléans, comte de Longueville, tué au Passage du Rhin.

était familière. Sa conduite politique offre des variations qui la rendent moins imposante que sa conduite militaire. Persuadé que seul il devait être l'appui et la gloire du trône, il se laissa égarer par cette prétention. La Fronde le vit tantôt ami et défenseur de la cour, tantôt son adversaire et son ennemi. Son caractère altier s'indignait de voir à la tête des affaires un prêtre, que par dérision il appelait *le dieu Mars*, et son ambition ne pouvait se réduire à jouer le second rôle. La reine sentit tout ce qu'elle avait à craindre de cet illustre mécontent, et comprit que si elle ne détachait point le coadjuteur du parti du prince, elle resterait trop faible pour lutter contre eux. Elle eut recours à un de ces moyens si puissans lorsqu'ils sont employés par une femme, plus encore par une reine, à l'égard d'un homme ambitieux et galant.

Retz, alors coadjuteur de Paris, doué au plus haut degré du génie des intrigues, tout à la fois souple et audacieux, habitué à se faire un masque des vertus qu'il méprisait; d'un caractère haut et redoutable, d'un esprit vif, pénétrant, inépuisable en ressources, mesura de son coup-d'œil d'aigle l'espace que livraient à son ambition les diverses factions qui agitaient la cour et la ville, et il s'empara fièrement de toutes les avenues qui pouvaient le mener à la puissance. Véritable Protée de la Fronde, on le voit se mêler à toutes les cabales, figurer dans tous les mouvemens, s'armer de sa popularité tantôt comme d'une menace contre la cour, tantôt comme d'un moyen de réconciliation.

C'est ainsi que le 1er janvier 1650, madame de Chevreuse remit au coadjuteur un billet de la reine ainsi conçu : « Je ne puis croire, nonobstant « le passé, que M. le coadjuteur ne soit à moi; je « le prie que je le puisse voir sans que personne « le sache que madame et mademoiselle de Che- « vreuse. Ce nom sera sa sûreté. ANNE.» Retz fit

cette réponse à la reine : « Il n'y a jamais eu de
« moment en ma vie où je n'aie été également à
« Votre Majesté ; je serais trop heureux de mou-
« rir pour son service, pour songer à ma sûreté.
« Je me rendrai où elle me l'ordonnera. »

Il enveloppa le billet de la reine dans le sien, et madame de Chevreuse lui porta le lendemain sa réponse, qui fut bien reçue. Cette duchesse de Chevreuse, si jolie, si spirituelle, si passionnée pour l'intrigue et les plaisirs, qui profana d'une manière si brillante les charmes et les qualités dont le ciel avait pris soin de l'embellir, était la confidente d'Anne d'Autriche, et avait de l'influence sur l'esprit du coadjuteur par l'amour qu'avait inspiré à ce prélat mademoiselle de Chevreuse, sa fille, qui préféra, comme sa mère, le scandale de la célébrité aux modestes triomphes de la vertu.

Le coadjuteur se trouva donc à minuit au cloître Saint-Honoré, où Gabouri, porte-manteau de la reine, vint le prendre, et le mena par un escalier dérobé au petit *oratoire*, où elle était toute seule enfermée. Anne d'Autriche lui témoigna toutes les bontés que la haine qu'elle avait contre le prince de Condé pouvait lui inspirer, et que l'attachement qu'elle avait pour le cardinal Mazarin pouvait lui permettre. « Le « cardinal entra demi-heure après (dit le cardi- « nal de Retz dans ses mémoires); il supplia la « reine de lui permettre qu'il manquât au res- « pect qu'il lui devait pour m'embrasser devant « elle. Il fut au désespoir, disait-il, de ce qu'il ne « pouvait me donner sur l'heure même son bon- « net..... Entre autres arrangemens qui eurent « lieu dans cette conférence, il fut résolu que « l'on arrêterait M. le Prince, M. le prince de « Conty et M. de Longueville (1). »

Le 18 janvier 1650, la reine avait convoqué le conseil au Palais-Royal; il se tenait d'ordinaire

(1) Galerie historique du Palais-Royal; tableau de M. Hersent.

dans la galerie. « Le prince de Condé passa le
« premier, le prince de Conty, son frère, après,
« ensuite le duc de Longueville, et le reste des
« ministres. M. le prince, en attendant la reine,
« s'amusa à parler au comte d'Avaux d'affaires de
« finances. Le cardinal Mazarin, voyant les
« princes entrés dans la galerie, au lieu de les
« suivre, prit l'abbé de la Rivière par la main et
« lui dit tout bas : « Repassons dans ma chambre,
« j'ai quelque chose de conséquence à vous dire. »
« La reine, d'autre côté, ayant quitté son lit, où
« elle s'était tenue toute habillée, donna l'ordre
« nécessaire à Guitaut, capitaine de ses gardes.
« Elle prit le roi, à qui jusqu'alors elle n'avait
« rien dit de cette résolution, et s'enferma avec
« lui dans son oratoire; elle le fit mettre à ge-
« noux, lui apprit ce qui se devait exécuter en
« cet instant, et lui ordonna de prier Dieu avec
« elle, afin de lui recommander le succès de cette
« entreprise, dont elle attendait la fin avec beau-

« coup d'émotion et de battemens de cœur (1).
« Au lieu de la reine, qu'on attendait au conseil,
« Guitaut entra dans la galerie. M. le prince lui
« demanda ce qu'il désirait; Guitaut lui répondit
« tout bas: « Monsieur, ce que je veux, c'est que
« j'ai ordre de vous arrêter, vous, M. le prince
« de Conty votre frère, et M. de Longueville....»
« Guitaut fit entrer Comminges, son neveu, et
« douze gardes par la porte du bout de la gale-
« rie où ils étaient attendant l'ordre. Il les fit
« passer pour lui ouvrir la petite porte qui
« donne au jardin, afin d'y pouvoir descendre
« par un petit escalier dérobé. Le prince de Conty
« ne parla point du tout. Le duc de Longueville,
« qui avait mal à une jambe, et qui ne trouvait
« pas agréable de s'en servir dans cette occasion,
« allait lentement et mal volontiers. Guitaut fut
« obligé de commander à deux gardes de lui ai-

(1) Galerie historique du Palais-Royal; tableau de M. Hersent.

« der à marcher. On voyait dans son voyage qu'il
« avait regardé cette disgrace comme un malheur
« qui le conduirait au tombeau. M. le Prince,
« marchant le premier, arriva plus tôt que les
« autres à la porte du jardin qui donne dans la
« rue; il fallut attendre les deux princes qui le
« suivaient pour faire ouvrir la porte. Dès qu'ils
« furent arrivés, Guitaut ouvrant la porte, le
« carrosse se trouva tout prêt pour les recevoir,
« et Comminges, qui y monta avec eux, les fit
« sortir par la porte de Richelieu pour ne point
« traverser Paris, et les conduisit au bois de Vin-
« cennes (1). »

Ce coup d'état n'apaisa point la fureur du peuple contre Mazarin. Ce ministre instruit des efforts que l'on tentait pour délivrer les princes les fit transférer d'abord à Marcoussy, de là au Havre. C'est dans cette dernière prison que le

(1) Galerie historique du Palais-Royal; tableau de M. Horace Vernet.

cardinal, inquiet de l'orage amassé sur sa tête, se rendit pour briser lui-même les fers de ses illustres prisonniers, qui revinrent à Paris le 16 février 1651.

La mise en liberté des princes ne satisfit pas encore les exigences du peuple : c'était Mazarin qu'il détestait, c'était l'exil de Mazarin qu'il demandait. La reine voulait bien faire des sacrifices, mais se séparer de son ministre était au-dessus de ses forces. Elle résolut donc, si Mazarin était obligé à quitter Paris, de le suivre une seconde fois. Mais les projets de cour ne sont pas si mystérieux qu'ils ne fassent bientôt naître quelques soupçons, et le peuple supporte impatiemment qu'on cherche à le tromper. Aussi dans la nuit du 9 au 10 février 1651, sur le bruit que la reine voulait enlever le roi et le conduire une seconde fois à Saint-Germain, les rues se remplirent de bourgeois et d'artisans qui criaient : *aux armes!*

A minuit, Anne d'Autriche fut avertie de ce mouvement; elle était déjà couchée. Elle montra beaucoup de fermeté dans cette occasion, donna ordre de doubler les gardes et fit avertir les serviteurs du roi. Le bruit augmentait à tous momens dans les rues. Le duc d'Orléans (Gaston) envoya De Souches, un de ses familiers, à la reine pour la supplier de faire cesser le tumulte. Elle lui répondit avec humeur que « c'était le
« duc d'Orléans qui avait fait prendre les armes
« aux bourgeois, et que par conséquent il était
« le seul qui pût faire taire le peuple; qu'elle n'a-
« vait point eu la pensée de partir; que le roi et
« Monsieur dormaient tous deux paisiblement; » et pour l'en convaincre elle voulut qu'il allât voir le roi dans son lit. De Souches passa chez le roi et le trouva dans un profond sommeil. Il sortit du Palais-Royal entièrement persuadé que la reine n'avait nul désir de quitter Paris, et, en retournant au Luxembourg, il fit ce qu'il put pour

apaiser les Parisiens. « Ils répondirent qu'ils vou-
« laient eux-mêmes voir le roi. » Il y en eut donc
« qui entrèrent jusque dans le Palais-Royal, criant
« qu'on leur montrât le roi, et qu'ils le voulaient
« voir. « La reine, le sachant, commanda aussitôt
« qu'on ouvrît toutes les portes, et qu'on les me-
« nât dans la chambre du roi. Ravis de cette fran-
« chise, ils se mirent tous auprès du lit du roi,
« dont on avait ouvert les rideaux; et reprenant
« alors un esprit d'amour, lui donnèrent mille bé-
« nédictions. Ils le regardèrent long-temps dormir
« et ne pouvaient assez l'admirer. Cette vue leur
« donna du respect pour lui : ils désirèrent davan-
« tage de ne pas perdre sa présence; mais ce fut
« par des sentimens de fidélité qu'ils le témoignè-
« rent. Leur emportement cessa, et au lieu qu'ils
« étaient entrés comme des gens remplis de furie,
« ils en sortirent comme des sujets remplis de dou-
« ceur, qui demandaient à Dieu de tout leur cœur
« qu'il lui plût leur conserver leur jeune roi, dont la

« présence avait eu le pouvoir de les charmer(1).»

Cependant Mazarin avait cru devoir se retirer à Sedan, bien persuadé que le peuple de la Fronde était trop frivole pour bouder long-temps le pouvoir, et que, quand on chante dans l'esclavage, on est fait pour porter des fers. Aussi, quoique éloigné, il gouvernait encore et la reine et l'État. Le peuple avait mis quelque espoir dans Gaston, duc d'Orléans, mais ce prince aimable, instruit, éloquent, était sans constance et sans fermeté. Pendant la Fronde, on le retrouve dans toutes les intrigues de la cour, des princes et du Parlement, tantôt du parti de la reine, tantôt opposé à la cour; un jour l'ami de Condé, le lendemain son adversaire. Toujours envieux de l'autorité, et avide de s'en saisir sans jamais en avoir ni le talent ni le courage, Gaston se complaisait dans ce grand commérage politique; mais il était dans sa desti-

---

(1) Mémoires de madame de Motteville.
Galerie historique du Palais-Royal, tableau de M. Mauzaisse.

née comme dans son caractère de ne jamais être qu'un illustre brouillon.

Abandonnés ainsi par ceux qui avaient promis de défendre leurs intérêts, les partisans de la Fronde voyant que le gouvernement du roi prenait de jour en jour plus d'ascendant, revinrent sous ses bannières après les siéges d'Orléans et d'Étampes, et le combat de la porte St-Antoine, où mademoiselle de Montpensier, si célèbre par sa grande fortune, ses onze promesses ou espérances de mariage (1), et ses amours romanesques

---

(1) 1° Le comte de Soissons, tué à la bataille de Marfée.
2° Louis XIV.
3° Le cardinal infant.
4° Le roi d'Espagne.
5° Le prince de Galles, depuis Charles II.
6° L'empereur Léopold.
7° *Monsieur*, frère du roi Louis XIV.
8° Le duc d'Enghien.
9° Le roi de Portugal.
10° Le duc d'York, depuis Jacques II.
11° Charles Paris, comte de Longueville.

avec le duc de Lauzun, fit tirer sur l'armée royale le canon de la Bastille, canon qui, en l'empêchant d'épouser Louis XIV, tua, sinon son mari, au moins son mariage.

Mazarin reparut à la cour dans tout l'éclat de sa puissance; il signa le traité des Pyrénées, et ses derniers momens furent entourés de toute la solennité qui accompagne la mort des rois.

Anne d'Autriche, heureuse de voir son fils sur le trône et Mazarin auprès de lui, passa les dernières années de sa vie dans des exercices de charité et de religion.

Ce fut le 21 octobre 1652 que Louis XIV revint de Saint-Germain à Paris; ce fut le même jour qu'il abandonna la résidence du Palais-Royal pour aller habiter le Louvre.

CHAPITRE III.

Le Palais-Royal habité par Henriette-Marie, reine d'Angleterre.

1652—1661.

Henriette-Marie de France, fille de Henri IV, était devenue reine d'Angleterre par son mariage avec Charles, prince de Galles, depuis Charles Ier. Les troubles politiques et religieux dont ce royaume devint le théâtre, forcèrent cette princesse, en 1604, à venir chercher un asile en France. Elle débarqua à Brest et se rendit d'a-

bord à Bourbon, dont les eaux lui étaient prescrites. « Quand on sut qu'elle devait arriver (dit
« mademoiselle de Montpensier dans ses Mémoi-
« res), je fus envoyée au-devant d'elle dans un
« carrosse du roi, comme c'est la coutume, jus-
« qu'au Bourg-de-la-Reine, où je la trouvai avec
« Monsieur, qui y était allé avant moi......... Elle
« était en toute manière en un état si déplorable
« que tout le monde en avait pitié. On la fit loger
« au Louvre, où le lendemain elle reçut tous les
« honneurs dus à une reine, et à une reine fille
« de France. Elle parut durant quelques mois en
« équipage de reine; elle avait avec elle beaucoup
« de dames de qualité, des filles d'honneur, des
« carrosses, des gardes, des valets de pied. Cela
« diminua petit à petit, et peu de temps après
« rien ne fut plus éloigné de sa dignité que son
« train et son ordinaire. »

En effet, pendant les troubles de la Fronde cette princesse se vit réduite, comme elle le disait elle-même, *à demander une aumône au parlement pour subsister* (1).

Cependant un plus grand malheur la menaçait encore. Charles Ier fut décapité le 9 février 1649, sur la place de Whitehall (2). On essaya de ca-

(1) « Cinq ou six jours avant que le roi sortît de Paris, dit le cardinal de Retz, j'allai chez la reine d'Angleterre, que je trouvai dans la chambre de mademoiselle sa fille, qui a été depuis madame d'Orléans. Elle me dit d'abord : « Vous voyez, je viens tenir compagnie à Henriette; la pauvre enfant n'a pu se lever aujourd'hui, faute de feu.... » J'exagérai encore cet abandonnement, et le gouvernement envoya 40,000 livres à la reine d'Angleterre. La postérité aura peine à croire qu'une reine, fille de Henri le Grand, ait manqué d'un fagot pour se lever au mois de janvier dans le Louvre et sous les yeux d'une cour de France !... Les exemples du passé touchent sans comparaison plus les hommes que les exemples de leur siècle. Je ne sais si le consulat du cheval de Caligula nous aurait autant surpris que nous nous l'imaginons. » (*Mémoires du cardinal de Retz*, tome Ier.)

(2) Voir des détails très curieux sur les derniers momens de cet infortuné monarque dans madame de Motteville, tome V, *et dans la relation générale et véritable du procès du*

cher à la reine d'Angleterre la mort tragique de son époux ; mais dès qu'elle en eut acquis la certitude elle se livra au plus violent désespoir. « J'ai perdu, disait-elle, *un roi, un mari et un* « *ami.* »

En 1652, après les troubles de la Fronde, Louis XIV ayant transporté sa demeure au Louvre, et le duc d'Anjou, son frère, ayant occupé aux Tuileries le logement que le roi venait d'ôter à mademoiselle de Montpensier, le Palais-Royal fut assigné à la reine d'Angleterre pour son habitation. Mais, depuis la mort du roi son époux, elle passait la plus grande partie de son temps dans le couvent de Chaillot. Lorsque Charles II, son fils, remonta sur le trône d'Angleterre, en 1660, Anne d'Autriche lui demanda la main de sa fille Henriette pour son second fils Philippe de France, alors duc d'Anjou, et depuis duc d'Or-

---

roi de la Grande-Bretagne dans le recueil des pièces, journaux et pamphlets de la Fronde.

léans. Le vœu de la reine-mère fut accompli, et le mariage fut célébré dans la chapelle du Palais-Royal, le 31 mars 1661, en présence du roi Louis XIV, de la reine Marie-Thérèse, de la reine-mère Anne-d'Autriche, de la reine d'Angleterre, de mademoiselle de Montpensier, de mesdemoiselles d'Orléans, filles de Gaston, ses sœurs, du prince et de la princesse de Condé, et de plusieurs autres princes et princesses, seigneurs et dames de la cour (1).

Au retour du voyage de Fontainebleau, dans cette même année 1661, Monsieur, devenu duc d'Orléans, s'établit au Palais-Royal avec *Madame* Henriette, qu'il venait d'épouser; mais ce prince ne devint propriétaire de ce palais qu'en 1692.

La reine d'Angleterre se retira dans une mai-

---

(1) Galerie historique du Palais-Royal, tableau de M. Horace Vernet.

Voir à la fin du volume les pièces justificatives, lettre A.

son de campagne à Colombe, où elle mourut le 10 septembre 1669.

Le temps de son habitation au Palais-Royal ne fut marqué par aucune construction dont l'édifice ait conservé des traces.

CHAPITRE IV.

Le Palais-Royal sous Philippe de France, duc d'Orléans, (Monsieur), frère de Louis XIV.

1661—1701.

Monsieur, frère de Louis XIV, jouissait du Palais-Royal depuis 1661 ; mais il n'en était point propriétaire. Ce ne fut qu'au mois de février 1692, après le mariage de son fils Philippe d'Orléans, alors duc de Chartres, et depuis régent de France, avec Marie-Françoise de Bourbon, fille légitimée de Louis XIV, que ce monarque rendit les lettres-patentes (1) qui constituaient la propriété de cette résidence à son frère, à titre d'apanage (2).

(1) Voir à la fin du volume, pièces justificatives, lettre B.
(2) « L'apanage des enfans puînés de la maison de France,
« disent les lettres patentes du 7 décembre 1666, a toujours
« été considéré comme représentant le partage de la monar-
« chie qui a subsisté pendant les deux premières races. Si
« les inconvéniens de ce partage destructif de la souveraineté
« par les jalousies et les rivalités des princes, par l'affaiblis-
« sement des forces et de l'autorité, ont persuadé au com-
« mencement de la troisième race que la couronne, le plus
« éminent de tous les fiefs, devait être indivisible, ainsi que
« les fiefs que les maximes du gouvernement féodal, alors
« en vigueur, déféraient en entier à l'aîné des mâles, la na-
« ture, qui ne parle pas moins au cœur des rois qu'à leurs
« sujets, leur a inspiré de doter leurs enfans puînés et de
« leur procurer une subsistance proportionnée à la splendeur
« de leur origine, et propre à les dédommager de la perte de
« la souveraineté dont ils étaient privés. Enfans de l'État, ils
« ont pris dans les fonds de l'État même, par les mains des
« rois nos prédécesseurs, les parts et les portions qui leur
« ont été assignées. Le vœu de la nature a été rempli et le
« royaume a acquitté ses obligations. La loi de l'apanage
« constitue le prince qui le possède vrai seigneur et proprié-

M. *Fontaine* croit qu'il convient de placer à l'époque qui suivit le mariage de *Monsieur* avec Henriette-Anne d'Angleterre les augmentations qu'on peut reconnaître en comparant le plan de 1748 avec celui que nous avons donné de 1679. Louis XIV acheta alors des sieurs Flacourt, Lépine et Boileau, divers terrains sur la rue de Richelieu, ainsi que l'hôtel de Brion, qui appartenait au duc de Damville, et dans lequel les académies de peinture et d'architecture tinrent leurs premières séances. Ce fut sur l'emplacement de ces acquisitions que Jules Harduoin Mansard éleva la galerie que Coypel a décorée, et dans laquelle ce peintre avait représenté en quatorze tableaux les principaux sujets de l'*Énéide*. Les premiers embellissemens du Palais-Royal, auxquels *Monsieur* ajouta un grand appartement, dans l'aile

« taire; lui transmet les titres d'honneur et de dignité, et
« tous les droits et prérogatives attachés aux domaines qui
« lui ont été concédés. »

du côté de la rue de Richelieu, firent de la résidence du cardinal un lieu plus digne de la représentation du frère de Louis XIV et de ses descendans.

Le Palais-Royal devint le séjour d'une cour brillante, dont Henriette-Anne d'Angleterre, première femme de *Monsieur*, faisait le charme et l'ornement. « La princesse d'Angle-
« terre, dit madame de Motteville, était assez
« grande. Sa beauté n'était pas des plus parfaites;
« mais toute sa personne, quoiqu'elle ne fût pas
« bien faite, était néanmoins, par ses manières
« et ses agrémens, tout-à-fait aimable. Elle avait
« le teint fort délicat et blanc; il était mêlé d'un
« incarnat naturel, comparable à la rose et au
« jasmin. Ses yeux étaient petits, mais doux et
« brillans; son nez n'était pas laid; sa bouche
« était vermeille, et ses dents avaient toute la
« blancheur et la finesse qu'on pouvait leur sou-
« haiter; mais son visage, trop long et trop mai-

« gre, semblait menacer sa beauté d'une prompte
« fin. Elle s'habillait et se coiffait d'un air qui
« convenait à toute personne, et comme il y avait
« en elle de quoi se faire aimer, on pouvait croire
« qu'elle y devait aisément réussir, et qu'elle ne
« serait point fâchée de plaire. Elle n'avait pu
« être reine, et pour réparer ce chagrin, elle vou-
« lait régner dans les cœurs et trouver de la
« gloire dans le monde par ses charmes et par la
« beauté de son esprit. On voyait déjà en elle
« beaucoup de lumières et de raison, et au tra-
« vers de sa jeunesse, il était aisé de juger que,
« lorsqu'elle se verrait sur le théâtre de la cour
« de France, elle y ferait un des principaux
« rôles (1). »

En effet, cette princesse ne tarda pas à attirer
tous les hommages; le roi lui-même se mit au

(1) On trouve dans le huitième volume des mémoires de
mademoiselle de Montpensier, un portrait d'Henriette d'Angleterre, sous le nom de la princesse Cléopâtre, qui s'accorde
avec la séduisante image tracée par madame de Motteville.

nombre de ses admirateurs; mais on dit que la politique eut autant de part que la galanterie dans les soins dont il se complaisait à l'entourer.

Louis XIV, désirant rompre la ligue que les Hollandais avaient faite avec l'empereur et le roi d'Espagne, songea à s'assurer du roi d'Angleterre. Il confia ce secret à Madame et la chargea de cette négociation. Pour rendre son voyage en Angleterre moins suspect, le roi alla visiter ses conquêtes des Pays-Bas, et, voulant que son voyage n'eût que l'apparence d'une course de plaisir, il ordonna que toute la cour le suivît. La duchesse d'Orléans prit alors le prétexte du voisinage pour aller jouir à Londres du plaisir de voir son frère rétabli sur le trône. Elle agit si bien qu'elle parvint à le détacher de la triple alliance. Madame reparut à la cour de France avec tout le plaisir et l'éclat que peut donner un heureux succès. Louis XIV fêta sa gloire, et Hen-

riette vit la cour à ses pieds..... « Tout-à-coup,
« ô nuit désastreuse! ô nuit effroyable! où reten-
« tit comme un éclat de tonnerre cette étonnante
« nouvelle: *Madame se meurt! Madame est morte!*
« Au premier bruit d'un mal si étrange, on ac-
« court à Saint-Cloud de toutes parts; on trouve
« tout consterné, excepté le cœur de cette prin-
« cesse; partout on entend des cris; partout on
« voit la douleur et le désespoir, et l'image de
« la mort. Le roi, la reine, Monsieur, tout est
« abattu, tout est désespéré, et il me semble que
« je vois l'accomplissement de cette parole du
« prophète: Le roi pleurera, le prince sera désolé,
« et les mains tomberont au peuple, de douleur
« et d'étonnement (1). » Cette mort si rapide, arrivée en moins de huit heures, le 30 juin 1670,
dix-huit jours après son retour d'Angleterre, fit
dire que la princesse avait été empoisonnée (2).

(1) Oraison funèbre de Bossuet.
(2) Les mémoires du temps ne s'accordent pas tous à cet

Henriette d'Angleterre avait donné quatre enfans à *Monsieur*. Les deux princes moururent en bas âge; les deux princesses, qui survécurent, furent mariées: Marie-Louise d'Orléans à Charles II, roi d'Espagne, et Anne-Marie d'Orléans à Victor-Amédée-François, duc de Savoie et prince de Piémont. C'est par Marie-Louise d'Orléans, reine d'Espagne, que Louis XIV apprit que Charles II ne pouvait pas avoir d'héritiers, et il fonda sur cet avis le projet de placer Philippe V sur le trône d'Espagne.

Quinze mois après la mort de *Madame* Henriette d'Angleterre, Louis XIV demanda en mariage pour son frère Élisabeth-Charlotte de Ba-

égard, mais la plupart laissent croire à l'empoisonnement. (Consulter les mémoires de mademoiselle de Montpensier; les souvenirs de Charlotte de Bavière, seconde femme de *Monsieur*, duc d'Orléans; les mémoires de Saint-Simon, la correspondance de Grouvelle, le *sentiment du docteur Vallot*, Voltaire, et l'extrait critique de tous ces ouvrages, placé à la suite de la notice d'Henriette d'Angleterre dans *la galerie des portraits historiques de S. A. R. Mgr le duc d'Orléans*.)

vière, fille de Charles-Louis, électeur-palatin, et de Charlotte de Hesse. Cette princesse, qui était protestante, fit abjuration à Metz, et, le 22 novembre 1671, elle épousa à Châlons *Monsieur*, qui, après la cérémonie, la conduisit à Villers-Cotterets, où le roi les attendait. Cette princesse a tracé son portrait et celui du prince son époux, dans ses Souvenirs, qui sont écrits d'un style si original et si pittoresque que nous ne croyons pouvoir mieux faire que de reproduire ici les deux portraits :

« *Monsieur*, dit-elle, aimait la parure, avait beau-
« coup de soin de son teint, aimait les ouvrages
« de femmes et toutes les cérémonies. *Monsieur* se
« comportait bien à la guerre, et n'aimait point à
« en entendre parler. Il voyait dans les femmes
« d'aimables compagnes, et était toujours dans
« leur société. Le roi les recherchait de plus près.
« Les deux frères se chérissaient cordialement ; il
« était fort intéressant de les voir ensemble; ils se

« raillaient l'un l'autre avec tout l'esprit et la dé-
« licatesse possible, sans se fâcher jamais. Il n'ai-
« mait ni les chevaux, ni la chasse; il n'aimait
« que le jeu, à tenir cercle, à bien manger,
« à danser, à se parer, en un mot tout ce que
« préfèrent et recherchent les femmes. Le roi ai-
« mait la chasse, la musique, les spectacles; mon
« époux n'aimait que les assemblées, les masca-
« rades. Le roi était galant auprès des femmes;
« mon époux n'a jamais été amoureux de per-
« sonne. Dans le fond, *Monsieur* était un très bon
« prince, et s'il avait eu un peu plus de force pour
« résister aux impressions malfaisantes, aux sug-
« gestions malignes de ses favoris, il aurait été le
« meilleur des princes de la terre.

« A l'armée, les soldats disaient de *Monsieur*:
« Il craint plus que le soleil ne le hâle, qu'il ne
« craint la poudre et les coups de mousquet. »
« *Monsieur* était plus aimé à Paris que le feu roi,
« à cause de son affabilité; mais cette affabilité

« était trop générale pour tout le monde ; ce n'é-
« tait plus une distinction d'être accueilli par lui.

« L'attachement de *Monsieur* pour son frère
« était une vraie adoration ; il ne pouvait lui ré-
« sister en rien. *Monsieur* était d'une humeur
« qui ne comportait jamais une longue affliction.
« Ce qui l'attristait devait cesser bien vite ; il ne
« s'appesantissait sur rien de susceptible de lui
« déplaire. Il aimait ses enfans et ne pouvait les
« gronder. Il venait toujours me porter ses plain-
« tes contre eux. « Mais, Monsieur, lui disais-je,
« ne sont-ils pas vos enfans comme les miens ?
« Que ne les corrigez-vous ? » — « Je ne saurais
« gronder, me répondait-il, et ils ne me craignent
« pas ; ils ne craignent que vous. »

« Il aimait Paris par-dessus tout ; il y menait
« une vie beaucoup plus libre et plus commode
« qu'à Versailles.

« *Monsieur* mourut à Saint-Cloud d'une atta-
« que d'apoplexie, le 9 juin 1701. La douleur de

« M. le duc de Chartres, depuis régent de France,
« fut extrême : le père et le fils s'aimaient tendre-
« ment (1).

« Le gros de la cour perdit en *Monsieur* : c'é-
« tait lui qui y jetait les amusemens, l'âme et les
« plaisirs ; et quand il la quittait tout y semblait
« sans vie et sans action. Il était jaloux de l'ordre
« des rangs et des préférences. Il aimait le grand
« monde, et avait une affabilité et une honnê-
« teté qui lui en attiraient beaucoup. Sa familiarité
« conservait sa grandeur naturelle sans repous-
« ser, mais aussi sans tenter les étourdis d'en
« abuser. Il donnait chez lui la plus entière li-
« berté, sans que le respect en fût diminué. Il
« avait appris et bien retenu de la reine sa mère
« l'art de *tenir*. La foule était toujours au Palais-
« Royal, à Saint-Cloud, où toute sa nombreuse
« maison se rassemblait.

(1) Il avait eu aussi de Charlotte de Bavière Élisabeth-Charlotte d'Orléans, qui épousa Léopold Charles, duc de Lorraine.

« Les plaisirs étaient de toutes les sortes. Les
« jeux, la beauté singulière du lieu, la musique,
« la bonne chère, en faisaient une maison de dé-
« lices, avec beaucoup de grandeur et de magni-
« ficence. Du reste, *Monsieur*, qui avait beaucoup
« de valeur, avait gagné la terrible bataille de
« Cassel (1). »

Il est vrai que ce prince, malgré la vie efflé-
minée dont il faisait ses délices, se comporta
dans cette bataille en capitaine et en soldat.
C'était le 11 avril 1667 : Il avait sous ses ordres les maréchaux de Luxembourg et d'Hu-
mières, et pour adversaire Guillaume, prince
d'Orange. *Monsieur* chargea avec un courage et
une présence d'esprit admirables.

Le roi, son frère, parut jaloux de sa gloire.
Il parla peu à *Monsieur* de sa victoire; il n'alla
pas même voir le champ de bataille, quoiqu'il
se trouvât tout auprès. Quelques amis de *Mon-*

(1) Mémoires de Saint-Simon.

sieur, plus pénétrans que les autres, lui prédirent alors qu'il ne commanderait plus d'armée, et ils ne se trompèrent pas.

Voici maintenant ce que *Madame* Élisabeth-Charlotte de Bavière, duchesse d'Orléans, raconte d'elle-même :

« Je suis née à Heidelberg, dit-elle ; ma mère
« ne m'a portée que sept mois. Si feu mon père
« m'avait aimée autant que je l'aimais, moi, il ne
« m'aurait jamais exposée aux inquiétudes et aux
« dangers qui m'ont assiégée depuis si long-temps.
« Je ne suis venue en France que par pure obéis-
« sance. Dans ma première jeunesse, j'ai beaucoup
« mieux aimé m'amuser avec des armes, telles que
« des fusils, des épées, des pistolets, qu'avec des
« chiffons et des poupées. Je ne désirais rien tant
« que de pouvoir être garçon ; et ce désir a failli
« me coûter la vie : car, ayant entendu conter
« que Marie Germain était devenue garçon à
« force de sauter, je me mis à sauter d'une telle

« façon que c'est un vrai miracle que je ne me
« sois pas cassé la tête cent fois pour une. A mon
« arrivée à Saint-Germain, j'y étais comme tom-
« bée des nues : la princesse Palatine m'y laissa
« toute seule, et s'en alla à Paris. Je vis bien que
« je déplaisais à *Monsieur*, mon époux, ce que je
« ne dois pas trouver merveilleux, laide autant que
je le suis; mais je pris dès ce moment la ferme
« résolution de vivre avec lui de telle façon qu'il
« s'accoutumât à ma laideur ; ce à quoi j'ai enfin
« réussi.

« Dans les trois dernières années de mon ma-
« riage, j'avais entièrement gagné *Monsieur*, mon
« époux; je riais avec lui de ses petites faiblesses ;
« il en badinait avec moi sans colère, sans la
« moindre aigreur; il ne souffrait plus qu'on me
« calomniât auprès de lui. Il avait en moi une
« parfaite confiance et prenait toujours mon parti.
« J'étais précisément en train d'être la personne
« du monde la plus heureuse lorsque Dieu m'a

« séparée de ce bon prince. Au moment de sa
« mort je vis s'évanouir sans retour la récom-
« pense de trente ans de peines.

« Je n'aime pas le lit : pour peu que je puisse
« me traîner, il faut que je sorte.

« Je déjeune rarement; mais si je le fais, c'est
« avec une *beurrée*. Toutes ces drogues étrangè-
« res, je ne puis ni les souffrir ni les supporter;
« mon goût et mon tempérament s'en accom-
« modent aussi peu l'un que l'autre. Je ne prends
« jamais ni chocolat, ni café, ni thé. Pour la
« table, je suis toujours bonne Allemande et de
« la vieille roche; j'aime tout ce qui est simple et
« sain.

« Mon douaire est le château de Montargis; à
« Orléans il n'y a point de maison, et Saint-Cloud
« ne fait point apanage; c'est une propriété que
« *Monsieur* a acquise de son argent. On me nom-
« mait autrefois ici *sœur pacifique*, parce que je
« faisais toujours mon possible pour rétablir ou

« maintenir l'union entre mon époux, sa cousine
« la grande *Mademoiselle*, et la pauvre duchesse,
« qui se querellaient à tout bout de champ pour
« des minuties, pour de véritables bagatelles.

« J'ai été obligée d'abandonner mes bijoux à
« mon fils; sans cela je n'aurais pas eu assez
« pour entretenir ma maison, qui est très nom-
« breuse. Il m'a paru plus raisonnable et plus
« honnête de ne pas ôter le pain à bien des per-
« sonnes, pour le plaisir d'avoir une vieille et
« laide figure couverte de diamans.

« Je n'ai jamais eu l'air d'une Française, et je
« n'ai voulu ni pu en prendre les manières. Jamais
« je n'eus honte de faire voir que j'étais Alle-
« mande, ce qui ne plaît pas à tout le monde ici.

» Si quelqu'un s'avisait de juger par mes yeux
« si j'ai de l'esprit, il faudrait qu'il prît un mi-
« croscope ou de bonnes lunettes; ou plutôt il
« devrait être sorcier pour en juger ainsi. Je n'ai
« jamais aimé qu'on me regardât; aussi n'aimais-

« je point la parure, car beaucoup de diamans
« attirent les yeux. C'était un bonheur pour moi
« que je fusse de cette humeur, car *Monsieur* ai-
« mait si excessivement les diamans et la parure,
« que nous aurions eu mille disputes à qui aurait
« mis les plus belles pierreries. On ne m'a jamais
« parée de diamans que *Monsieur* n'assistât à ma
« toilette; il me mettait lui-même du rouge.

« J'ai toujours aimé notre roi, et quand il me
« donnait de petits désagrémens, c'était pour
« plaire à son frère, dont les favoris me haïs-
« saient. Mais lorsque *Monsieur* fut dissuadé et
« se repentit d'avoir eu pour moi de si injustes
« préventions, il le dit au roi, qui me rendit son
« amitié, et me l'a conservée malgré les sugges-
« tions de la vieille(1). Ma belle-fille, la reine de
« Sicile, me demandait un jour dans ses lettres
« si je n'étais plus des promenades du roi, comme

(1) Madame de Maintenon.

« de son temps : je lui répondis par ces vers de
« Racine :

« Cet heureux temps n'est plus : tout a changé de face,
« Depuis que sur ces bords les dieux ont amené
« La fille de Minos et de Pasiphaé. »

« Le roi aurait été mon propre père que je
« n'aurais pu l'aimer davantage, et je me plaisais
« beaucoup à être dans sa compagnie.

« Madame de Montespan me reprochait sou-
« vent mon éloignement pour les affaires. « Ce n'est
« point mon inclination, lui répondis-je : je re-
« garde toute ambition comme vanité pure. Lais-
« sez-moi jouir de ma chère tranquillité. »

« Le roi disait toujours : « Madame ne peut souf-
« frir les mésalliances. » A Marly le roi ne voulait
« pas la moindre cérémonie. Il était permis à tout
« le monde de s'asseoir dans le salon : c'est ce qui
« fait que je ne m'y tenais presque jamais.

« Dès qu'on parle d'incendie les cheveux me

« dressent. Je sais comme on en a usé à l'égard de
« ce pauvre palatinat. Pendant plus de trois mois,
« dans mes rêves, je voyais toujours Heidelberg
« en flammes. Cela a manqué à me faire tomber
« malade.

« Je n'ai pas plus de quatre cent mille livres,
« et je dépense si bien cela qu'il ne m'en reste
« rien au bout de l'année. Ma maison me coûte
« 298,758 livres.

« Quoique Versailles soit très beau, personne
« ne s'y promenait que moi, en carrosse ou à
« pied. Le roi me disait toujours : « Il n'y a
« que vous qui jouissiez des beautés de Ver-
« sailles (1). »

« Le roi me parlait toujours à table, parce que

(1) Cette princesse avait acheté le marquisat de Livry, dont le château était le Raincy. Elle aimait à s'y promener, mais le régent, qui ne s'y plaisait pas, le vendit après la mort de sa mère. Cette terre fut rachetée en 1767 par Louis Philippe, duc d'Orléans, et, après plusieurs vicissitudes, elle appartient aujourd'hui à la maison d'Orléans.

« j'étais la première à lui adresser la parole. Les
« autres ne lui disaient pas un mot, excepté feu
« *Monsieur*, qui l'entreprenait aussi. J'ai profité
« de cet exemple. Pour divertir le roi je disais
« tout ce qui me venait à l'esprit; il riait alors de
« bien bon cœur. Madame la dauphine (de Ba-
« vière) me disait : « Ma pauvre chère maman (c'est
« ainsi qu'elle m'appelait), où prends-tu toutes les
« sottises que tu fais? ».

« Après la mort de *Monsieur*, le roi me fit de-
« mander où je me proposais de vivre. Je répon-
« dis qu'ayant l'honneur d'être de la famille
« royale, je ne pouvais ni ne voulais avoir d'autre
« demeure que là où était le roi. Le roi vint me
« voir le lendemain. «Je sais, me dit-il, que vous
« haïssez la Maintenon.» Je répondis : «Il est vrai,
« sire, je la hais de tout mon cœur, mais unique-
« ment parce que je vous aime, et parce que
« cette personne me rend de mauvais offices au-
« près de vous.» Le roi fit venir la vieille et lui

« dit : « Approchez : *Madame* veut se réconcilier « avec vous, » et nous approchant l'une de l'autre, « il nous obligea de nous embrasser. Telle fut la « fin de la scène. »

Élisabeth-Charlotte de Bavière vit mourir Philippe, son époux, et Louis XIV, son beau-frère. Attaquée elle-même d'une hydropisie, le 5 décembre 1722, elle fut enlevée le 8 du même mois aux larmes de sa famille, qui environna son lit de mort de la douleur la plus respectueuse et la plus vraie. Elle quitta ce monde sans faste et sans plainte : elle défendit qu'on l'enterrât avec pompe et qu'on ouvrît son corps.

Le régent, son fils, exécuta scrupuleusement ses dernières volontés. Le 10 décembre, vers les sept heures du soir, on porta sa dépouille mortelle de Saint-Cloud à Saint-Denis.

On trouve dans l'inventaire du Palais-Royal, dressé en 1701, après la mort de *Monsieur*, une désignation sommaire des principaux appartemens tels qu'ils existaient pendant la possession du frère de Louis XIV. Cet inventaire nous révèle aussi le goût d'alors pour les meubles et les étoffes, et il est facile de reconnaître que leur richesse surpassait l'élégance et le luxe d'aujourd'hui.

CHAPITRE V.

Le Palais-Royal sous Philippe, duc d'Orléans, régent.

1701 — 1723.

Avant la mort de son père, ce prince, qui portait le titre le duc de Chartres, s'était distingué dès l'âge de dix-huit ans, dans la campagne de Flandre en 1691, tant au siége de Mons qu'au combat de Leuze. Après cette campagne, il revint à Versailles, où il épousa, le 18 février 1692, Françoise-Marie de Bourbon, dite Mademoiselle de Blois, fille légitimée de Louis XIV. C'était une femme charmante: elle avait les yeux admirablés, les dents belles, une jolie bouche. On retrouvait en elle cette finesse d'esprit particulière à madame de Montespan, sa mère. Naturellement indolente, elle passait la plus grande partie de son temps dans son lit. La représentation la fatiguait, et pourtant elle était très sévère sur l'étiquette; elle affectait les grands airs du Roi son père; aussi le duc d'Orléans, qui d'ailleurs la traitait à merveille, riait des scènes de dignité dans lesquelles elle se complaisait; il s'amusait à l'appeler *Madame Lucifer*.

Après son mariage, ce prince retourna à l'armée, se trouva à la prise de Namur, fut blessé au combat de Steinkerque, et commanda avec honneur la cavalerie française à la bataille de Nerwinde le 27 juillet 1693.

Devenu en 1701, après la mort de son père, l'héritier de son nom, de ses titres et de sa fortune, il porta dans les embellissemens intérieurs du Palais-Royal la passion qu'il avait pour les arts. Oppenort passait alors pour le plus habile architecte : le duc d'Orléans le choisit pour directeur-général de ses bâtimens et jardins. Un des premiers travaux qu'il lui confia fut le grand salon qui servait d'entrée à la vaste galerie construite par Mansard (1). Ce salon, qui prit le nom d'Oppenort, était surchargé d'ornemens, dont le bon goût n'avouait pas toujours la hardiesse ou la bizarrerie; car, pour me servir des expressions de M. Fontaine, « les architectes « d'alors semblaient avoir pris le caprice pour « guide, la singularité pour maxime, et l'afféterie « pour but. »

La guerre enleva bientôt le duc d'Orléans à ces tranquilles occupations. En 1706, le duc de Vendôme ayant quitté le commandement de l'armée d'Italie, pour venir commander celle de

---

(1) Ces bâtimens, qui s'étendaient jusqu'à la rue de Richelieu, ont été démolis, lorsqu'on a construit la salle du Théâtre-Français.

Flandre, le Roi le remplaça par le duc d'Orléans; c'est à cette occasion que furent publiées ces lettres-patentes: « Ayant jugé à propos de choi-
« sir un chef pour prendre le commandement
« général de nos armées d'Italie, nous avons ré-
« solu d'envoyer notre très aimé neveu le duc
« d'Orléans, tant pour répondre à l'ardent désir
« qu'il témoigne depuis long-temps de se voir à la
« tête de nos troupes, et de pouvoir, en signalant
« sa valeur, se rendre utile à notre gloire et au
« bien général de l'état, que parce que nous
« reconnaissons qu'outre l'élévation d'esprit et
« les sentimens qu'il a dignes de sa grandeur et
« de sa naissance, il a par ses soins et son appli-
« cation acquis de bonne heure l'expérience et
« les talens nécessaires pour le commandement
« des troupes; ainsi qu'il l'a fait assez paraître dans
« celui de notre cavalerie, qu'il a exercé avec toute
« l'habileté d'un grand capitaine. » Jeune, avide de gloire, et fier d'avoir à se mesurer avec le

prince Eugène et le duc de Savoie, le duc d'Orléans brûlait de donner la bataille sous les murs de Turin. Le conseil de guerre partageait son impatience, lorsque le maréchal de Marsin, qui était d'un avis contraire, exhiba l'ordre secret du Roi, qui défendait de tenter le combat. Le moment favorable au succès fut perdu; le lendemain le prince Eugène attaqua l'armée française, qui fut mise en déroute: le maréchal de Marsin fut tué; le duc d'Orléans courut les plus grands dangers. On déplora l'impérieuse nécessité qui avait enchaîné sa vaillance, et lorsqu'après avoir mis le reste de ses troupes en quartiers d'hiver, il reparut à la cour, Louis XIV, écoutant l'opinion publique, fit un accueil gracieux au guerrier qu'il avait empêché de vaincre, et lui donna le commandement de l'armée d'Espagne.

A la tête de cette armée, le duc d'Orléans prit la ville de Lérida, en 1707, et fit rentrer le royaume d'Aragon sous l'obéissance de Philippe V.

En 1708 il prit Tortose; mais le bruit de sa gloire éveilla l'envie tant à Versailles qu'à Madrid. La princesse des Ursins, dévouée à madame de Maintenon, qui n'aimait pas le duc d'Orléans, parvint à faire craindre au trop crédule Philippe V que ce prince n'aspirât à sa couronne. Le vainqueur de Lérida ne recueillit donc pour prix de ses services que d'odieuses insinuations. Un ordre de Louis XIV enleva au duc d'Orléans le commandement de l'armée, la veille du jour où il se préparait à livrer la bataille d'Almanza, et ce fut le maréchal de Berwick qui recueillit dans cette victoire la gloire qui aurait dû appartenir au duc d'Orléans. Ces symptômes de défaveur et de jalousie, ou au moins cette crainte que le duc d'Orléans n'acquît trop de gloire et de célébrité, ne pouvaient pas échapper à la perspicacité des courtisans. Aussi, dès son retour en France, on vit un grand nombre d'entre eux s'éloigner de lui, et s'efforcer de lui nuire par tous les moyens; mais en toutes circonstances le duc d'Orléans fut vivement défendu par le duc de Bourgogne, dont l'ame généreuse était supérieure à l'envie et à la défiance qu'on avait cherché vainement à lui inspirer. Ces prétendues accusations contre le duc d'Orléans restèrent dans l'ombre et ne furent jamais accréditées par Louis XIV.

« Jamais peut-être, dit le cardinal de Bausset, « ce monarque n'a mieux montré la grandeur de « son caractère que dans ces affreux momens. Seul, « il opposa la conviction de son ame aux injustes « clameurs de la calomnie; il ne changea rien à « son accueil et à ses bontés pour son neveu, en « présence de sa cour ni dans l'intérieur de sa « société. Son exemple avertit la cour de se taire et « détrompa la prévention populaire. La postérité « équitable a confirmé le jugement de Louis XIV. » On pourrait ajouter que c'est Louis XV qui a fait le jugement de la postérité, lorsqu'il a dit:

« Ce qui prouve le mieux l'innocence du duc
« d'Orléans, c'est que j'existe. »

Cependant Louis XIV touchait à ses derniers momens, et il ne restait de la branche aînée de la famille royale qu'un enfant incapable de supporter à lui seul le fardeau de son vaste héritage. Aussi les courtisans qui avaient fui le duc d'Orléans lorsqu'il était éloigné du pouvoir, se rapprochèrent insensiblement de lui lorsqu'ils aperçurent que le droit de sa naissance allait l'appeler à la régence du royaume. Le duc d'Orléans, rendu à la tranquillité et à la douceur naturelle de son caractère, dédaigna ces oscillations de la cour, et accueillit avec sa grâce ordinaire ce reflux d'hommages et d'adulations. Cependant les mêmes personnes dont la haine l'avait si odieusement calomnié, veillaient encore auprès du lit de mort de Louis XIV, et là elles ne cessaient de solliciter le roi d'exclure le duc d'Orléans de la régence. Le monarque ne céda point entièrement à ces nouvelles attaques; mais la faiblesse lui fit souscrire un testament dans lequel il remettait nominalement la régence ainsi que la tutelle du jeune roi à un conseil, dont il entendait, à la vérité, que le duc d'Orléans serait le chef; mais sans autorité personnelle, et sans autre prérogative que la prépondérance de sa voix, en cas de partage. Quant à la personne du roi, elle était confiée au duc du Maine, comme surintendant de l'éducation, et, à ce titre, la maison du roi, tant civile que militaire, devait lui obéir, et n'obéir qu'à lui. Si le duc du Maine venait à manquer, le comte Toulouse devait prendre sa place.

Louis XIV n'avait pas dissimulé qu'il n'avait pas suivi dans ce testament toute sa volonté: « J'ai « fait mon testament, disait-il à la reine d'Angle- « terre; on m'a tourmenté, on ne m'a donné ni « paix ni repos qu'il ne fût fait; » et en disant ces mots, ses yeux avaient passé sur madame de Maintenon. Après avoir reçu les sacremens, le 25 août 1715, il fit appeler le duc d'Orléans, l'embrassa deux fois, l'assura qu'il l'avait toujours aimé, et que dans son testament *il ne lui avait fait aucun tort.* « Je vous recommande, ajouta-t-« il, le dauphin ; servez-le comme vous m'avez « servi. S'il vient à manquer, vous serez le maî-« tre, et la couronne vous appartient. » On sent que Louis XIV, juste appréciateur des hautes qualités du duc d'Orléans, avait voulu, par ces paroles et par ces caresses, imprimer un désaveu solennel, tant aux calomnies dont ce prince avait été l'objet, qu'à son propre testament qui n'était pas l'expression réelle de ses dernières volontés.

Cette scène attendrissante et remarquable eut une grande influence sur l'opinion publique dans tous les rangs de la société. Comme le testament ne devait être ouvert qu'après la mort du roi, la cour s'imagina que la régence était dévolue au duc d'Orléans, et elle vint au Palais-Royal adorer le soleil levant.

Le parlement, fatigué des querelles théologiques et du joug de Rome que Louis XIV expirant avait voulu lui imposer, désirait un prince connu pour n'avoir point un respect aveugle pour les volontés du Saint-Siége, et se décida avec joie à lui décerner la régence. Aussi, lorsque, le 2 septembre 1715, le lendemain de la mort du roi, le duc d'Orléans se présenta au parlement, les Chambres assemblées, il y fut accueilli avec la plus grande faveur. Il s'éleva avec autant d'adresse que de fermeté contre les dispositions du testament de Louis XIV; il rappela avec éloquence les dernières paroles recueillies de ce monarque au lit de mort : « A quelque titre, ajouta-t-il, que j'aie « droit à la régence, j'ose vous assurer, Messieurs, « que je la mériterai par mon zèle pour le service « du roi, et par mon amour pour le bien public, « surtout étant aidé par vos conseils et par vos

« sages remontrances; je vous les demande d'a-
« vance, en protestant devant cette auguste assem-
« blée que je n'aurai jamais d'autre dessein que
« de soulager les peuples, de rétablir le bon ordre
« dans les finances, de retrancher les dépenses
« superflues, d'entretenir la paix au dedans et au
« dehors du royaume, de rétablir surtout l'union
« et la tranquillité de l'Église et de travailler enfin
« avec toute l'application qui me sera possible à
« tout ce qui peut rendre un état heureux et
« florissant (1). »

Ces paroles, suivies d'un discours de l'avocat-général Joly de Fleury, qui soutint éloquemment les droits du duc d'Orléans, produisirent un grand effet. « Les gens du roi retirés au parquet,
« la matière mise en délibération, M. le duc d'Or-

---

(1) « Le duc du Maine voulut parler : comme il se découvrait, M. le duc d'Orléans avança la tête par-devant M. le duc, et dit au duc du Maine d'un ton sec : « Monsieur, vous
« parlerez à votre tour. »

(Mémoires du duc de Saint-Simon, tom. XIII.)

« léans fut déclaré régent en France, pour avoir « l'administration du royaume, pendant la mino- « rité du roi. » Le duc d'Orléans, après avoir remercié la compagnie du titre qu'elle venait de lui déférer, demanda que, malgré la clause du testament qui portait que le duc de Bourbon n'aurait entrée au conseil de régence qu'à vingt-quatre ans accomplis, ce prince, qui avait vingt-trois ans, y fût admis sur-le-champ. Le parlement s'empressa de sanctionner par un arrêt cette proposition; il déclara également que les troupes de la maison du roi, même celles employées à la garde de sa personne, dont le commandement avait été destiné, par le testament de Louis XIV, au duc du Maine, ne reconnaîtraient que l'autorité et le commandement du duc d'Orléans régent. Le duc du Maine fut nommé *sur-intendant de l'éducation du roi.*

Après avoir communiqué au parlement le nouveau plan qu'il se proposait de suivre pour l'administration du royaume, le régent sortit du palais de justice, au milieu des acclamations du peuple, et s'en retourna comme en triomphe au Palais-Royal (1).

(1) « Ce jour, 7 septembre 1715, toutes choses disposées
« pour le lit de justice que devait venir tenir le roi, Louis
« quinzième du nom, pour la publication de l'arrêt du 2 de
« ce mois, qui confère la régence au duc d'Orléans, les
« chambres assemblées, les conseillers et présidens en robes
« rouges, et la plupart des pairs ayant pris place, vint sur
« les dix heures du matin le secrétaire de M. le chancelier,
« qui dit à la Cour que M. le duc d'Orléans luy avait ordonné
« de luy venir dire qu'il venait d'apprendre que le roy avait
« eu la nuit dernière une légère indisposition qui l'empêchait
« de venir ce jourd'huy tenir son lit de justice; qu'il priait
« M. le premier président et le procureur général du roy de
« venir au Palais-Royal, où était M. le chancelier, pour
« aviser ce qu'il conviendrait de faire, et le rapporter à la
« compagnie. M. le premier président et le procureur gé-
« néral du roy partirent aussitost, et environ une heure après
« ils revinrent, et M. le premier président dit : qu'encore
« que l'indisposition du roy fût très légère, même qu'elle fût
« finie dès le matin, néanmoins sa santé était si précieuse,
« qu'on avait jugé à propos de ne la point hasarder; que

7.

Cependant Philippe V, sous l'inspiration d'Alberoni, regrettait du haut du trône d'Espagne d'avoir renoncé à la couronne de France, dont, sans cette renonciation solennelle, il n'eût plus été séparé que par la vie d'un faible enfant. Des communications secrètes furent établies entre les ennemis du duc d'Orléans, à la tête desquels était la duchesse du Maine; et on organisa une conspiration qui avait pour but de s'emparer de la personne du duc d'Orléans, de déclarer Philippe V régent du royaume à sa place, mais de ne lui en laisser que le titre et d'en attribuer les fonctions au duc du Maine; on devait en outre révoquer l'arrêt du conseil de régence du 2 juillet 1717, qui, annulant l'édit de 1714 et la

---

« M. le duc d'Orléans s'en allait à Versailles, et que demain « il ferait savoir à la compagnie la résolution qui aurait été « prise pour la tenue du lit de justice. » Extrait des registres du parlement.

Galerie historique du Palais-Royal : tableau de M. Schmith.

et le comte de Toulouse inhabiles à succéder à la couronne.

C'était le prince de Cellamare, ambassadeur d'Espagne à Paris, qui dirigeait les fils du complot. Alberoni, pressé de satisfaire le roi son maître, que ses sombres vapeurs faisaient alternativement passer de l'espérance au découragement, écrivit à Cellamare : *mettez le feu aux mines!* Il était impatient d'avoir les manifestes qu'on avait rédigés à Paris et que la cour d'Espagne devait faire paraître au moment où la conspiration éclaterait. Pour lui faire cet envoi, l'ambassadeur choisit l'abbé Porto-Carrero; il fit arranger pour lui une chaise à double fond, et employa ses secrétaires à copier les papiers qu'Alberoni voulait connaître. On ne s'accorde pas sur le véritable moyen par lequel on découvrit la conspiration; les uns prétendent que ce fut par l'indiscrétion d'un secrétaire d'ambassade chez une courtisane; d'autres, que la chaise de Porto-

Carrero ayant versé près de Poitiers, on découvrit les papiers; suivant les mémoires de la régence, ce serait un copiste employé à la bibliothèque qui aurait tout révélé à l'abbé Dubois. Quoi qu'il en soit, le régent, maître des secrets de la conspiration formée contre lui, « n'eut, dit
« M. Lacretelle, que les mouvemens de la plus
« belle ame; ce fut alors que l'on put comprendre
« combien le crime était étranger à un homme
« qui voyait à regret l'occasion d'une juste ven-
« geance. Jamais il ne s'exprima avec plus de
« noblesse et moins de passion que lorsqu'il eut
« à rendre compte au conseil de régence d'un
« complot qui appelait en France la guerre civile
« et la guerre étrangère. Il était impatient de faire
« grace et de produire aux yeux des Français toute
« la bonté de son caractère; il traita comme une
« intrigue ce que des hommes d'état, moins hu-
« mains et moins habiles, auraient puni comme
« une conspiration; il fit remettre en liberté

« le duc du Maine, ainsi que les autres prisonniers,
« et, heureux de se voir justifier par la voix du
« peuple de toutes les calomnies que l'Espagne
« alors s'efforçait de faire répéter contre lui, il
« chantait avec complaisance et en riant aux éclats
« une chanson où il était désigné sous le nom de
« *Philippe le débonnaire.* »

Cette levée de boucliers de l'Espagne contre la France, le soin injurieux qu'Alberoni prit de récompenser Cellamare, en le nommant vice-roi de Navarre à son retour à Madrid, la hauteur et les intrigues de ce ministre audacieux, ne causèrent de véritable chagrin au duc d'Orléans, que celui de le mettre dans la nécessité de déclarer la guerre à Philippe V. En vain le duc de Saint-Simon, un des confidens du prince, s'opposa-t-il avec éloquence à cette résolution : une quadruple alliance se forma entre la France, l'Angleterre, la Hollande et l'Autriche, et la guerre fut déclarée le 2 janvier 1718. Fontenelle en rédigea le manifeste, et Berwick passa les Pyrénées à la tête de l'armée française. Philippe V prit lui-même le commandement de l'armée espagnole, mais cette guerre fut de courte durée, et Alberoni, qui avait flatté son roi d'espérances chimériques, ayant été sacrifié, Philippe V accéda au traité de Londres, et la paix fut rétablie entre la France et l'Espagne.

Le régent profita de ce repos pour achever d'embellir son palais (1). Il y rassembla à grands

---

(1) Il est à remarquer que ce fut avec ses propres deniers que le régent acquitta toutes ces dépenses, car ce prince, qui mettait autant de générosité que de bonne grace dans tout ce qu'il faisait, ne voulut rien prélever pour lui sur les revenus de l'état, ni sous la forme de liste civile, ni autrement, pendant tout le temps de sa régence.

Ce fut aussi pendant la régence que le corps-de-garde des gardes du cardinal fut remplacé par le Château-d'Eau. Cet édifice fut construit par ordre du régent, tel qu'il existe encore aujourd'hui, sur les dessins de Robert de Cotte, architecte du roi. L'emplacement qu'il occupe avait été spécialement excepté de la donation de 1692, comme compris dans le plan de la réunion du Louvre et des Tuileries, et par conséquent frais cette collection de tableaux de toutes les écoles, qui acquit en Europe une si juste célébrité (1).

La princesse Palatine Élisabeth-Charlotte de Bavière, sa mère, avait apporté en venant en France un grand nombre de médailles d'or et de pierres gravées : le régent en augmenta beaucoup la collection. Non seulement il l'enrichit par de nouvelles acquisitions, mais il la doubla en quelque sorte par les empreintes en pâte de verre qu'il tirait lui-même des plus belles pierres.

Ses salons étaient le rendez-vous de tout ce que la cour et la ville avaient de plus aimable et de plus brillant, et sa nombreuse famille n'en formait pas le moins bel ornement. Là se faisait remarquer cette duchesse de Berri si jolie, si spirituelle, qui expia par une mort prématurée

depuis cette époque, comme auparavant, le Château-d'Eau n'a jamais fait partie des dépendances du Palais-Royal.

(1) Voir les pièces justificatives, lettre D.

son penchant immodéré pour les plaisirs (1); et Mademoiselle de Chartres, plus connue sous le nom d'abbesse de Chelles, qui, née avec tous les agrémens, tous les charmes, toutes les graces, préféra aux séductions du monde les austérités du cloître (2); et Mademoiselle de Valois, au regard

(1) Marie-Louise-Élisabeth d'Orléans, femme de Charles de France, duc de Berri, morte à l'âge de 24 ans, en 1719.

(2) Louise-Adélaïde d'Orléans, devenue abbesse de Chelles; elle prit le nom de sœur Bathilde. Les exercices religieux n'occupaient point tous ses momens; elle avait conservé dans le cloître quelques-uns des goûts qu'elle avait dans le monde; elle se livra à l'étude de la chimie, de l'astronomie, de l'histoire naturelle, et composa un livre de dévotion. « Elle s'a-
« musait en même temps avec de la poudre, faisait des fusées,
« des feux d'artifice, avait une paire de pistolets, et tirait au
« blanc. » Vers l'année 1731, elle se démit de la dignité d'abbesse de Chelles, et se retira à la Madeleine de Tresnel, rue Charonne, à Paris. C'est là que lui furent adressés ces vers, que nous avons copiés manuscrits dans les œuvres de Racine fils :

« Plaisirs, beauté, jeunesse, honneurs, gloire, puissance,
Ambitieux espoir que permet la naissance,

si fin, au sourire si séduisant, qui vit dans Modène plutôt un exil qu'une seconde patrie (1); et Mademoiselle de Montpensier, qui monta à quinze ans sur le trône d'Espagne, et revint mourir à

> Tout aux pieds de l'agneau fut par elle immolé ;
> Elle s'immole encor dans sa retraite même.
> Assise au premier rang, son cœur en est troublé ;
> De ce rang descendue, au seul objet qu'elle aime
> En silence attachée, elle embrasse sa croix,
> Victime par l'amour devant Dieu consumée,
> Vierge qui jour et nuit tient sa lampe allumée,
> En attendant l'époux dont elle avait fait choix.
> Dans notre siècle impie éclatantes merveilles !
> Les princes sont changés en humbles pénitens,
> Et voilà par quels coups, Dieu puissant, tu réveilles,
> Même en ses derniers jours, la foi des premiers temps. »

Elle mourut dans sa retraite de Tresnel, le 9 février 1743.

(1) Charlotte-Aglaë d'Orléans, mariée à François-Marie d'Est, duc de Modène. Elle partit pour l'Italie le désespoir dans le cœur et les yeux remplis de larmes. A Modène, elle avait sans cesse la pensée tournée vers sa patrie, et s'écriait à chaque instant : « Ah, que je m'ennuie ici, que je m'ennuie! » Elle vint finir ses jours à Paris, et mourut au Luxembourg en 1761.

trente ans dans le palais du Luxembourg (1); enfin Mademoiselle de Beaujolois (2) et la princesse de Conty (3), qui toutes deux avaient les graces et l'esprit de leur mère, et qui toutes deux ne brillèrent qu'un jour dans ce monde.

Mais les fêtes et les plaisirs (4) ne détournaient

---

(1) Louise-Élisabeth d'Orléans, femme de Louis Ier. Comme si c'était une disposition naturelle aux princesses françaises de ne point se plaire dans une Cour étrangère, mademoiselle de Montpensier, quoique reine d'Espagne, s'ennuyait à Madrid comme sa sœur à Modène. Devenue veuve peu après son mariage, elle revint en France, et mourut en 1742.

(2) Philippe-Élisabeth d'Orléans. Cette princesse avait été fiancée à l'infant don Carlos, troisième fils de Philippe V, depuis Charles III ; mais, lorsque la Cour de France renvoya l'infante qui devait être unie à Louis XV, pour faire asseoir sur le trône Marie Leczinska, la Cour d'Espagne fit par représailles renvoyer mademoiselle de Beaujolois. Elle mourut en 1734, dans sa vingtième année.

(3) Louise-Diane d'Orléans, mariée en 1732 à Louis-François de Bourbon, prince de Conty, et morte en 1736.

(4) Pierre-le-Grand étant venu à Paris dans le cours de ses voyages, en 1717, le régent le reçut avec magnificence,

point le régent des soins de l'administration du royaume. Louis XIV avait laissé pour plus de deux milliards de dettes. Tandis que le conseil cherchait en vain les moyens d'éviter une banqueroute, un aventurier écossais, nommé Law, arrive à Paris et offre son système comme la pierre philosophale qui doit mettre un terme à tous les embarras. Ce système, fondé sur un jeu de crédit public, inconnu jusqu'alors en France, consistait à émettre deux sortes de billets négociables et représentant des valeurs. L'une de ces sortes de billets avait caractère de biens-fonds, et portait des revenus, ou plutôt des intérêts susceptibles d'accroissement ; l'autre était tout simplement du papier-monnaie. Ce système eût pu réussir et produire des effets salutaires si l'on n'en avait fait qu'un usage modéré,

avec magnificence, et lui fit plusieurs fois les honneurs de sa loge à l'opéra, qui était alors au Palais-Royal *.

* Galerie historique du Palais-Royal.

mais on en abusa. Le début fut très brillant : tout Paris fut séduit ; tous les yeux furent fascinés ; grands-seigneurs, bourgeois, artisans, tout le monde courait à la banque de la rue Quincampoix pour y échanger son or contre des billets, comme on court aujourd'hui à la bourse. Une sorte de démence financière s'était emparée de toutes les têtes ; on se croyait au pays d'*Eldorado*; mais ces illusions ne durèrent qu'un jour ; les émissions disproportionnées de ces effets les discréditèrent promptement ; leur chute fut rapide et terrible, car elle entraîna la ruine d'une multitude de familles qui avaient embarqué leur fortune dans ces spéculations, et Law, nouveau Midas, que le peuple adorait, lorsqu'on croyait qu'il changeait tout en or, fut assailli par l'indignation publique ; contraint de s'enfuir, il alla cacher à Venise sa honte, sa misère et son tombeau.

Cette magie du papier-monnaie était un moyen

d'administration si séduisant que, lorsque le régent le vit s'échapper de ses mains, il tomba dans une espèce de langueur, dont son favori, l'abbé Dubois, sut habilement profiter. Cet abbé voyait que les dignités de l'Église pouvaient seules lui fournir un moyen de parvenir à être premier ministre. Nommé d'abord archevêque de Cambrai, il fut fait cardinal sous le pontificat d'Innocent XIII (le cardinal Conty); quelque temps après, il entra au conseil de régence, et, le 22 août 1722, le duc d'Orléans eut la faiblesse de le faire premier ministre; mais Dubois mourut bientôt après.

Dès qu'il fut mort, le jeune roi Louis XV, qui avait été sacré le 25 octobre 1722, pria le duc d'Orléans de se charger du ministère; et ce prince, qui paraissait absorbé par les plaisirs, sentit pourtant qu'il devait à sa propre gloire et au bonheur de la France de consacrer de nouveau à l'administration du royaume ses soins et ses talens: il s'occupa des affaires avec une activité infatigable; et le monarque et la nation payèrent ses efforts de leur reconnaissance. Mais l'excès du travail ne lui avait pas fait renoncer entièrement à ses goûts; il exigea de la nature plus que les forces humaines ne pouvaient accorder, et il en fut victime. On prétend que son médecin l'ayant menacé d'une mort subite, il avait promis de se modérer, et qu'il mourut le jour où il devait adopter ce nouveau régime. C'était le 2 décembre 1723; il dîna beaucoup, et, en attendant l'heure de son travail avec le roi, il s'enferma avec sa maîtresse, la duchesse de Phalaris; il était à peine auprès d'elle qu'un coup de sang le fit tomber sans connaissance et sans mouvement. La duchesse, effrayée, remplit l'air de ses cris, mais les secours, peut-être trop tardifs, furent inutiles; le duc d'Orléans expira. Il était âgé de quarante-neuf ans.

Deux causes principales ont influé sur la conduite et sur la réputation de Philippe duc d'Orléans régent. La première, ce sont les mœurs et l'esprit du temps dans lequel il vivait; la seconde, c'est la supériorité de ses talens, sa place auprès du trône et sa position à la cour. Louis XIV jaloux de la gloire acquise par son frère à la bataille de Cassel, comme il l'avait été peut-être aussi de celle du grand Condé, avait toujours manifesté quelque répugnance à accorder un commandement militaire à son neveu malgré sa brillante conduite à Leuse et à Nerwinde; et lorsqu'il se décida à le mettre à la tête de ses armées en Italie et en Espagne, il plaça toujours à côté de lui des généraux qui, munis d'ordres secrets, paralysaient ses talens et son courage. Rendu par ses dégoûts à l'oisiveté, le duc d'Orléans retombait dans le tourbillon du monde et des plaisirs. L'esprit de dévotion et d'hypocrisie qui envahit la Cour sous la domination de madame de Maintenon, et qui n'était qu'un masque pour déguiser une corruption que les fastueuses amours du monarque n'avaient que trop encouragée, avait tellement froissé le caractère national que, dès que Louis XIV eut fermé les yeux, on passa d'une extrême contrainte à un extrême abandon. Cet événement en appelant le duc d'Orléans à gouverner l'État, ouvrit un champ plus libre à ses goûts ; et ses voluptés acquirent un éclat et une publicité dont ses ennemis ont habilement tiré parti pour tâcher de ternir son caractère et de faire méconnaître les soins qu'il ne cessait de donner à l'administration du royaume. Les historiens impartiaux ont constamment écarté les calomnies inventées contre ce prince; mais ceux des écrivains qui ont eu quelque penchant à courtiser le pouvoir, ont cru trop souvent le flatter et le servir en propageant d'injurieuses absurdités, dont l'esprit de parti se faisait une arme pour étendre aux descendans du régent l'impression fâcheuse que ces bruits pouvaient produire pour sa mémoire. Leurs efforts n'ont pu tromper la nation et empêcher la postérité d'assigner une place distinguée au duc d'Orléans régent, soit comme prince, soit comme guerrier, soit comme dépositaire du pouvoir royal.

CHAPITRE VI.

Le Palais-Royal sous Louis, duc d'Orléans, fils du régent.

1723—1752.

Louis, fils de Philippe duc d'Orléans, régent, succéda à son père le 2 décembre 1723. Il trouva le Palais-Royal décoré et meublé avec tant de magnificence qu'il ne fit aucun changement dans l'intérieur des appartemens. Il se borna à faire l'acquisition d'une maison appartenant à l'abbé de Francière, pour en étendre les dépendances du côté du passage de l'Opéra, que l'on appelait alors *la Cour aux Ris*.

Élevé par le savant abbé Montgault, il avait puisé dans ses leçons une piété austère, et la rigueur de ses principes le porta à faire brûler sous ses yeux quarante tableaux des plus grands maîtres de l'école d'Italie (1). Cette dévotion s'exalta encore dans son ame par l'impression que lui fit la mort de la duchesse d'Orléans sa femme, Auguste-Marie-Jeanne de Baden-Baden, qui fut enlevée à la fleur de son âge. Cette princesse était fille de Louis-Guillaume de Baden-Baden, Margrave de Bade, et de Françoise Sybille de Saxe-Lawembourg; née le 10 novembre 1704, elle mourut le 8 août 1726. « Les grandes qualités du cœur et de l'esprit de « cette princesse, dit le père Anselme, lui mé- « ritèrent les regrets universels de toute la « France. »

(1) Un garçon d'appartement sauva de ce pudique auto-da-fé la *Léda* de Paul Véronèze et la *Vénus* de l'Albane.

Le duc d'Orléans, dans sa douleur, se détermina à quitter le monde, et il choisit l'abbaye de Sainte-Geneviève pour retraite. Là il vivait tranquille, uniquement occupé de bonnes œuvres, d'études et d'exercices de piété. Il n'en sortit qu'une seule fois, en 1744, pour se rendre à Metz, où Louis XV était dangereusement malade. Personne n'avait encore osé faire connaître au Roi le péril qui le menaçait. Le duc d'Orléans crut qu'il était de son devoir, comme premier prince du sang royal, de se charger de cette mission délicate et pénible, tant dans l'intérêt de l'état que dans celui de la religion. Mais arrivé à Metz, lorsqu'il se présenta à la porte de l'appartement du Roi, le duc de Richelieu, premier gentilhomme de la chambre de service, lui en refusa l'entrée. Justement indigné, le duc d'Orléans, mêlant les menaces aux propos les plus vifs, enfonça d'un coup de pied le battant de la porte, et entra....... Il eut avec Louis XV un entretien particulier, à la suite duquel le roi, exhorté par l'évêque de Soissons, reçut les secours de la religion, et fut administré.

Le duc d'Orléans était très savant : il entendait le chaldéen, l'hébreu, le syriaque, le grec, et se piquait de connaissances profondes en théologie. Il a laissé en manuscrits des traductions, des commentaires de l'écriture sainte, et plusieurs ouvrages de controverse. Ce genre d'occupations et la tournure qu'elles donnaient à son esprit, mêlaient quelque chose de bizarre à la dignité qu'il eut toujours dans les manières.

La reine, en apprenant la mort de ce prince, dit : « C'est un bienheureux qui laissera après lui « beaucoup de malheureux(1) ! » « En effet, ce qui « doit rendre son souvenir à jamais précieux fut « sa charité immense. De quelque âge, de quelque « condition que fussent les malheureux, ils étaient

(1) Vie de Marie Leczinska.

« assurés de trouver de la compassion dans le
« cœur de ce prince, une ressource dans ses libé-
« ralités. Lorsqu'il ne pouvait les renvoyer tous
« satisfaits, son cœur leur accordait ce que la né-
« cessité l'obligeait de refuser. Quoiqu'il ait ré-
« pandu des sommes immenses dans le royaume (1)
« et dans les pays étrangers ; quoiqu'il n'eût
« souvent mis d'autres bornes à ses libéralités
« que celles des besoins du peuple, néanmoins
« il acquitta les dettes accumulées de sa maison,
« rétablit ses finances épuisées, augmenta consi-
« dérablement ses domaines, et laissa, en mourant,
« des monumens éternels de son zèle pour le
« bien public (2). »

On doit lui savoir gré d'avoir fait re-

---

(1) Chargé en 1725 des pouvoirs du roi pour épouser la reine Marie Leczinska, il donna une fête magnifique à Villers-Cotterets. Toute la suite de S. M. y fut traitée splendidement. On défraya même la foule de curieux qui étaient accourus à cette fête.

(2) Père Anselme.

planter sur un dessin nouveau le jardin du Palais-Royal, sauf la grande allée du cardinal, qu'il conserva. Voici la description qu'en donne Saint-Victor: « Deux belles pelouses, bordées d'or-
« mes en boules, accompagnaient de chaque côté
« un grand bassin placé dans une demi-lune ornée
« de treillages et de statues en stuc, la plupart
« de la main de Laremberg. Au-dessus de cette
« demi-lune régnait un quinconce de tilleuls, dont
« l'ombrage était charmant. La grande allée sur-
« tout formait un berceau délicieux et impéné-
« trable au soleil. Toutes les charmilles étaient
« taillées en portiques. »

Louis, duc d'Orléans, mourut à Sainte-Geneviève, le 4 février 1752. Il légua sa bibliothèque et son cabinet de médailles à cette abbaye dont les bâtimens sont employés aujourd'hui pour le collége de Henri IV, où ses arrière-petits-fils suivent le cours de leurs études, et jouissent des avantages de l'éducation publique.

CHAPITRE VII.

Le Palais-Royal sous Louis-Philippe, duc d'Orléans.

1752 — 1780.

Tandis que, dans sa retraite de Sainte-Geneviève, Louis, duc d'Orléans, s'occupait de sciences et de théologie, Louis-Philippe son fils, alors duc de Chartres, faisait ses premières armes. Il était, en 1743, à cette bataille de Dettingen, si malheureuse pour l'armée française. Là, au moment du plus grand désordre et du plus extrême danger, ayant eu un cheval tué sous lui, il parcourait les rangs et soutenait le courage des soldats par sa présence d'esprit et l'exemple de sa bravoure.

A la fin de cette année, le 18 décembre, il épousa Louise-Henriette de Bourbon-Conty, fille de Louis-Armand de Bourbon prince de Conty, et de Louise-Élisabeth de Bourbon-Condé. Cette princesse, remarquable par sa grace, par la noblesse avec laquelle elle tenait sa cour, et par la vivacité de son esprit, mourut au Palais-Royal le 9 février 1759, dans la 43e année de son âge (1).

En 1747, le duc de Chartres fut nommé

---

(1) On attendait avec impatience à Paris l'issue de la bataille, qu'on savait que le maréchal d'Estrées voulait livrer au duc de Cumberland en 1757. Le premier courrier qui apporta la nouvelle de la victoire d'Hastenbeck descendit au Palais-Royal, et la duchesse d'Orléans, pour satisfaire la curiosité publique, lut, du haut du balcon qui donnait sur le jardin, le bulletin de la bataille, aux acclamations de la foule rassemblée.

Galerie historique du Palais-Royal.

gouverneur du Dauphiné, et, le duc d'Orléans son père étant mort à Sainte-Geneviève, le 4 février 1752, il devint duc d'Orléans. Le roi lui conserva la maison que le prince son père avait eue.

La guerre s'étant rallumée en 1757, il servit au commencement de cette campagne sous le maréchal d'Estrées. Mais aussitôt que le maréchal de Richelieu remplaça le maréchal d'Estrées dans le commandement de l'armée, le duc d'Orléans revint à Paris. On regretta alors que ce prince, formé à l'école du maréchal de Saxe, fût éloigné de l'armée, qui l'aurait vu avec plaisir appelé à l'honneur de la commander.

Il est probable qu'à l'exemple de ses prédécesseurs, le duc d'Orléans aurait borné les embellissemens de son palais à des décorations intérieures, si un événement imprévu, l'incendie de la salle de l'Opéra, qui était encore celle du cardinal, ne fût venu, en 1763, consumer une aile entière de l'édifice avec une grande partie du corps principal (1). C'est alors que, forcé de rebâtir une partie considérable du Palais-Royal, on se détermina à entreprendre une restauration générale. Lorsque la salle de spectacle du cardinal devint la proie des flammes, elle servait aux représentations de l'Opéra, dont le privilége avait été cédé depuis 1749 par le duc d'Orléans à la ville de Paris. Ce prince, qui avait droit à des indemnités, exigea du prévôt des marchands et des échevins que la salle et tous les bâtimens brûlés sous leur administration, fussent rebâtis et restaurés aux frais de la ville. En même temps, pour que la nouvelle salle fût construite du même côté du palais, mais en dehors de l'aile dans laquelle se trouvait l'ancienne, le duc d'Orléans acheta et paya de ses deniers les cinq maisons voisines qui appartenaient aux

(1) On attribua cet incendie à la négligence des ouvriers qui travaillaient au théâtre pendant les jours de relâche dans la dernière quinzaine de carême.

sieurs Francière, Perreau, Aubouin, Eaubonne et Venet, lesquelles avec trois autres maisons acquises aux frais de la ville, des sieurs Cadeau, Montgazon et Durand, donnèrent par leur démolition l'emplacement nécessaire à la construction du nouveau théâtre, tel qu'il est indiqué dans le plan de 1780.

« La ville de Paris (dit M. Fontaine), ayant à
« supporter la dépense qu'exigeait la réparation
« des désastres causés par l'incendie de 1763, crut
« avoir le droit de charger son architecte, M. Mo-
« reau, de la composition et de la direction de
« ce travail. De son côté, le duc d'Orléans voulut
« que M. Contant d'Ivry, son architecte, fît tout
« ce qui le concernait dans le corps du palais.
« Ainsi, tandis que M. Moreau élevait la nou-
« velle salle et toute la façade du palais du côté
« de la rue Saint-Honoré, M. Contant construi-
« sait les vestibules, les appartemens et le grand
« escalier, ouvrage du plus bel effet, l'un des

« plus remarquables que l'on connaisse, et d'au-
« tant plus digne d'éloges que l'espace dans lequel
« il a été bâti était très resserré par l'emplacement
« réservé à la salle de l'Opéra. On demandait à
« M. Moreau une salle de spectacle plus vaste,
« plus magnifique que celle qui venait d'être brû-
« lée, mais il lui était interdit d'en montrer l'ap-
« parence au-dehors; d'autre part, M. Contant
« devait trouver des dispositions commodes,
« grandes, magnifiques, dans la partie que le
« théâtre n'occupait pas, sans toutefois qu'il pût
« disposer des façades sur lesquelles étaient per-
« cées les fenêtres qu'il était chargé de décorer.

« Les résultats de ce bizarre accouplement
« furent ce que l'on devait en attendre. Les deux
« architectes firent chacun preuve de talent, mais,
« ainsi qu'on aurait dû le prévoir, ils ne s'enten-
« dirent pas, et tout fut en désordre. Nous avons
« remarqué par exemple un mur de distribution
« qui se trouve au milieu d'une fenêtre dans l'aile

« gauche de la première cour. Nous pourrions ci-
« ter encore un grand nombre d'irrégularités, de
« fautes, de bizarreries semblables, sans parler des
« erreurs de niveau et d'alignement que l'on ren-
« contre à chaque pas dans le Palais-Royal, et
« qu'il a été impossible de faire disparaître. »

En 1771, lors de la lutte qui éclata entre les parlemens et la cour, le duc d'Orléans prit hautement la défense des parlemens. Réuni de cœur et de principes au prince de Conty son beau-frère, ce fut lui qui présenta au roi les protestations des princes du sang et leur adhésion à tous les arrêts des parlemens dans les diverses affaires de Besançon, de Toulouse, de la Bretagne et de Paris. Louis XV aimait le duc d'Orléans autant par souvenir du régent que pour lui-même, et, sans les funestes influences dont il était entouré, peut-être le monarque eût-il écouté les sages conseils de ce prince qui cherchait à lui démontrer tous les dangers que le trône avait quoique femme et épouse aux yeux de l'Église, elle ne l'était pas aux yeux du monde; au moins elle ne jouissait pas de l'avantage inhérent en général à la qualité d'épouse, celui d'avoir le rang de son mari et de porter son nom; en effet elle n'était pas *duchesse d'Orléans* : elle l'était d'autant moins qu'il y avait une *duchesse de Chartres* brillante de beauté, de vertu, de jeunesse et qui était à juste titre l'objet d'une adoration générale. C'était donc la duchesse de Chartres qui représentait au Palais-Royal et à Saint-Cloud. Ce n'était, ni ce ne pouvait être Madame de Montesson; mais il faut lui rendre la justice de dire qu'elle ne paraissait pas y prétendre. Néanmoins il y a lieu de croire que ce genre d'existence lui étant devenu désagréable, elle ne tarda pas à déterminer le duc d'Orléans à ne plus habiter le Palais-Royal, et à fixer sa résidence de Paris dans une maison qu'il avait fait bâtir dans la rue de Provence. Cette maison communiquait avec celle qu'il avait donnée à Madame de Montesson et dont l'issue était dans la chaussée-d'Antin ; en sorte que ces deux maisons, réunies en réalité, conservaient l'apparence d'être séparées. Une salle de spectacle y fut construite (1), et le duc d'Orléans y joua souvent lui-même la comédie (2).

(1) « La salle de spectacle, fort simple, fort agréable, était
« de forme ovale. Un amphithéâtre venait par gradins jus-
« qu'à un rang de loges circulaires occupées par les dames de
« la maison du duc d'Orléans. Les deux personnes qui
« jouaient le mieux étaient madame de Montesson et le
« chevalier de Cossé. »

(Souvenirs de Stanislas Girardin, tome Ier.)

(2) On lit dans les mémoires de Bachaumont : « On a re-
« présenté, il y a quelques jours, 1662, chez M. le duc d'Or-
« léans une pièce de M. Collé, si connu par ses amphigouris.
« Elle a pour titre *le Roi et le Meunier*. Ce petit drame a eu
« le plus grand succès, et le mérite par la naïveté qui y règne.
« M. le duc d'Orléans jouait un des principaux rôles, *le meu-
« nier*; Granval faisait *Henri IV*. Cette pièce est devenue la
« *partie de chasse de Henri IV*, et le duc d'Orléans y joua sou-
« vent le rôle de Michaud. » Le prince avait nommé Collé son lecteur.

à courir dans cette lutte impopulaire. Mais Louis XV, très jaloux de son autorité, était par caractère, contraire à toutes les mesures qui pouvaient la restreindre. Aussi le chancelier Maupeou et le duc d'Aiguillon, soutenus par le fatal ascendant de madame du Barry, l'entraînèrent facilement à prononcer la suppression des parlemens du royaume. Le duc d'Orléans protesta contre ce coup d'autorité, et tous les princes protestèrent avec lui, excepté pourtant le comte de la Marche, depuis prince de Conty, mort à Barcelonne en 1814. Le roi exila de la cour tous les princes, excepté de même le comte de la Marche; mais cet exil ne fut pas long.

Ce fut quelque temps après son rappel à la cour, que le duc d'Orléans obtint du roi Louis XV l'autorisation tacite d'épouser secrètement madame de Montesson, et ce mariage fut célébré le 24 avril 1773 (1).

(1) La bénédiction nuptiale leur fut donnée dans a

Madame de Montesson occupa d'abord la maison connue sous le nom d'hôtel de Châtillon qui faisait alors partie du Palais-Royal (1), et qui était même contiguë à l'appartement du duc d'Orléans. Rien n'était sans doute plus commode que cet arrangement, on peut même dire plus convenable puisqu'enfin Madame de Montesson était devenue la femme du duc d'Orléans. Mais

chapelle de madame de Montesson par le curé de Saint-Eustache; il y avait été autorisé par l'archevêque de Paris sur le consentement du roi.

Grimm, dans sa correspondance (troisième partie, tome III, page 459) au sujet de ce mariage, rapporte ce qui suit : « Par un édit de Louis XIII, il est défendu à tous les prélats du royaume de marier aucun prince du sang sans une lettre écrite de la propre main du roi; celle de Louis XV ne contenait que ces mots : « Mons l'archevêque, vous croirez « ce que vous dira de ma part mon cousin le duc d'Orléans, « et vous passerez outre. »

(1) Des lettres-patentes de l'année 1766 ratifièrent l'échange que le duc d'Orléans avait fait de cet hôtel contre quelques domaines du duché de Valois, et l'incorporèrent à l'apanage. Il a été depuis vendu nationalement, et n'a pas été racheté.

Cotterets, il convia vingt-deux paroisses à une fête qu'il donna dans son parc, et tous les habitans, qui y vinrent, furent traités splendidement (1).

Paris a long-temps retenti des fêtes superbes qu'il donna à Christian VII roi de Danemarck, lorsque ce monarque vint à Paris en 1768. Christian VII, après avoir été couronné en 1767, parcourut l'Allemagne, la Hollande, l'Angleterre et la France. Beau-frère du roi George III, il avait été reçu à Londres avec une froideur qui lui avait fort déplu et qui fit ressortir encore plus à ses yeux le brillant accueil qui lui fut fait en France. La cour et la ville se disputèrent le

(1) Philippe, duc d'Orléans, frère de Louis XIV, avait décidé qu'il ne serait fait aucune coupe dans la forêt de Villers-Cotterets avant cent ans. Ses héritiers respectèrent sa volonté, et ce ne fut qu'en 1768 que son arrière-petit-fils, Louis-Philippe, duc d'Orléans, fit faire dans cette forêt la première coupe de futaie. C'est à cette occasion qu'il donna cette grande fête.

plaisir de lui rendre hommage et de fêter sa présence. Les beaux-esprits du temps se mirent en frais pour le saluer de leurs petits vers, aux spectacles, aux académies, dans les musées, enfin partout. Le roi (Louis XV) l'accueillit avec grace et lui dit, en parlant de la disproportion d'âge qui existait entre eux : « Je serais « votre grand-père, »—« C'est ce qui manque à « mon bonheur, » répondit avec effusion le jeune monarque.

M. le duc de Duras, premier gentilhomme de la chambre du roi, fut chargé de faire les honneurs de Paris et des spectacles à sa majesté danoise. Le duc d'Orléans (Louis-Philippe) s'empressa de donner au roi de Danemarck un bal magnifique au Palais-Royal. Ce fut en y dansant que le duc d'Orléans se cassa le tendon d'Achille dans le salon d'Oppenort (1).

(1) Galerie historique du Palais-Royal : tableau de M. Devéria.

Ce nouveau genre de vie acheva de dégoûter le duc d'Orléans du Palais-Royal, et, en 1780, il se détermina à le transmettre par avancement d'hoirie au prince son fils, Louis-Philippe-Joseph, alors duc de Chartres, auquel il en fit la cession par un acte légal.

Cependant Saint-Cloud, l'autre résidence de la maison d'Orléans, déplaisait également à Madame de Montesson à qui les usages du temps et la bienséance ne permettaient pas plus d'en faire les honneurs que ceux du Palais-Royal. Le duc d'Orléans acheta le château de Sainte-Assise et le donna à Madame de Montesson. Dès lors le séjour de Sainte-Assise remplaça celui de Saint-Cloud dans la belle saison. Malheureusement pour la maison d'Orléans, Saint-Cloud n'était pas inaliénable comme le Palais-Royal; c'était une propriété libre et patrimoniale que *Monsieur*, frère de Louis XIV, avait achetée et bâtie à ses frais. Le baron de Breteuil négocia facilement avec

Madame de Montesson le traité par lequel le duc d'Orléans vendit Sant-Cloud à la reine Marie-Antoinette pour le prix de six millions.

Le duc d'Orléans assista au sacre de Louis XVI le 12 juin 1775 et y représenta le duc d'Aquitaine. Ce prince fut honoré à la cour, respecté et chéri partout, et il eut le bonheur de vivre dans des temps paisibles.

Il mourut à Sainte-Assise, le 18 novembre 1785, et fut enterré au Val-de-Grace. Son cœur fut déposé dans l'église de Saint-Port, paroisse de Sainte Assise « pour y attendre, disait-il dans son testament, celui de *la dame du lieu* » (1).

Le duc Louis-Philippe d'Orléans était magnifique dans ses équipages, dans ses fêtes, dans ses actes de générosité. Un jour qu'il était à Villers-

(1) C'est ainsi qu'il appelait madame de Montesson. Elle mourut à Paris dans sa maison, rue de la Chaussée-d'Antin, le 5 février 1806. Son corps fut transféré dans l'église de Saint-Port, conformément au vœu du duc d'Orléans.

docteur Tronchin, premier médecin du duc d'Orléans, qui logeait au Palais-Royal, à voir les petits-enfans de Louis-Philippe, duc d'Orléans. « Je voudrais, disait-il, voir, avant de mourir, « cette jolie petite Bourbonnaille! » et quand il remonta dans son grand carrosse bleu de ciel parsemé d'étoiles, il fut salué par les acclamations de la foule rassemblée dans les cours du palais (1).

« A vanter un grand homme il condamnait l'envie ;
« Admirait les éclairs qui brillaient dans tes yeux,
« Contemplait de ton front les sillons radieux,
« Creusés par soixante ans de travaux et de gloire,
« Et qui d'un siècle entier semblaient tracer l'histoire. »

(Chénier, Épître à Voltaire.)

(1) Galerie historique du Palais-Royal.

CHAPITRE VIII.

Le Palais-Royal sous Louis-Philippe-Joseph, duc d'Orléans.

1780—1793.

Nous avons dit plus haut que Louis Philippe, duc d'Orléans, avait cédé le Palais-Royal à son fils Louis-Philippe-Joseph en 1780. C'était peu après que ce prince, qui portait encore le titre de duc de Chartres, était revenu des campagnes navales qu'il avait faites au cemommencent de la guerre occasionnée par la protection que la

Toutes les célébrités du temps se plaisaient à lui rendre hommage. Les États-Unis de l'Amérique septentrionale ayant proclamé leur indépendance le 4 juillet 1776, le célèbre Franklin vint à Paris, précédé de la brillante nouvelle pour les Américains du succès de leurs armes à Saratoga où la division anglaise du général Burgoyne avait mis bas les armes devant la division américaine du général Gates. Tout Paris se précipitait sur les pas de Franklin et l'intérêt pour les Américains se manifestait de toutes les manières. Franklin fut bientôt autorisé à déployer le caractère de ministre plénipotentiaire des États-Unis. Il parut à Versailles, fut reçu à la cour avec ses cheveux sans poudre et dans la simplicité du costume américain, et, le 6 février 1778, il signa deux traités qui furent conclus entre le roi de France et les États-Unis, l'un de commerce et d'amitié, l'autre d'alliance.

Après avoir été présenté à Versailles, Franklin

fut pareillement présenté au Palais-Royal au duc d'Orléans (Louis-Philippe), aïeul du prince actuel, ainsi qu'au prince son fils, alors duc de Chartres, à madame la duchesse de Chartres et à leurs enfans (1).

Nous ne passerons pas non plus sous silence la visite que Voltaire fit au Palais-Royal, dans cette même année 1778, lorsqu'il vint à Paris jouir de son dernier triomphe, et recevoir à la représentation d'Irène l'hommage de la reconnaissance de tout un peuple (2). Il demanda au

(1) Galerie historique du Palais-Royal : tableau de M. Steuben.

(2) « Tairons-nous le beau jour où Paris dans l'ivresse,
« D'un triomphe paisible honorait ta vieillesse !
« Qu'on étale avec pompe aux yeux des conquérans
« Des gardes, des vaisseaux, des étendarts sanglans,
« Le glaive humide encore et fumant de carnage,
« Ou le profane encens vendu par l'esclavage :
« Ta garde était un peuple accouru sur tes pas ;
« Il bénissait ton nom, te portait dans ses bras ;
« Des pleurs de la tendresse il ranimait ta vie ;

siasme par le public. Le roi lui confia la distribution des graces qu'il accordait aux officiers des trois escadres. Il retourna à bord de son vaisseau et reprit le commandement de l'escadre bleue dans une croisière vers les Sorlingues.

Les ennemis que le duc de Chartres avait à la Cour, inquiets de ses succès, profitèrent de son absence et de celle des officiers de la marine témoins de sa conduite pour l'attaquer par la calomnie. Ils cherchèrent aussi à indisposer contre lui le duc de Penthièvre, son beau-père, en lui persuadant que le duc de Chartres voulait le supplanter dans sa charge de grand-amiral dont il désirait seulement la survivance. Lorsque le duc de Chartres revint de sa croisière, il trouva donc le public refroidi, son beau-père aigri contre lui, et la Cour résolue à ne lui point accorder la survivance qu'il se flattait d'obtenir. Blessé de l'injustice qu'il éprouvait, il voulait cependant encore rejoindre la flotte et continuer à servir sur mer; mais la reine lui écrivit de la part du roi pour le lui défendre formellement, et alors le duc de Chartres fut obligé de se contenter de la charge de colonel-général des hussards, que le Roi créa pour lui, à condition qu'il renoncerait à prétendre à la survivance de la charge de grand-amiral. La charge de colonel-général des hussards lui donnait le droit de faire directement avec le roi le travail de toute l'arme, sans l'intervention du ministre de la guerre.

Devenu propriétaire du Palais-Royal, le duc de Chartres forma le projet de l'agrandir et de l'embellir : parmi les plans qui lui furent présentés, il donna la préférence à ceux de M. Louis, son architecte, qui déjà s'était fait une grande réputation par la construction de la salle de spectacle de Bordeaux. « On a pu reprocher à cet ar« chitecte des écarts de goût, des défauts de cor« rection, mais il faut convenir qu'il conçut pour « le Palais-Royal un projet vaste, ingénieux, qui

France accorda aux colonies anglaises de l'Amérique Septentrionale contre leur métropole. Les deux premières ne furent que des campagnes d'évolutions, mais la troisième fut importante.

Le duc de Chartres, en qualité de lieutenant-général des armées navales, inspecta à Brest les trois escadres réunies dans ce port, et, le roi lui ayant confié le commandement de l'escadre bleue, il arbora son pavillon sur le Saint-Esprit, de 80 canons. L'armée navale, sous les ordres du vice-amiral comte d'Orvilliers, sortit de la rade de Brest le 2 juillet : le 23 on découvrit la flotte anglaise commandée par l'amiral Keppel, et le 27, par la hauteur d'Ouessant, le comte d'Orvilliers lui livra combat. L'ennemi était instruit qu'un prince du sang royal de France commandait l'escadre bleue qui formait avant le combat l'arrière-garde de la flotte française. L'amiral Keppel, manœuvrant dans l'intention de couper cette division du reste de l'armée navale, le comte d'Orvilliers fit virer de bord et l'escadre bleue se trouva former l'avant-garde. Le Saint-Esprit fut exposé à demi-portée de canon au premier feu des Anglais. Voici les termes dans lesquels s'est expliqué le ministre de la marine sur ce combat en écrivant au duc de Penthièvre, amiral de France, beau-père du duc de Chartres : « M. d'Orvilliers a donné des preuves de la plus « grande habileté; M. le duc de Chartres d'un cou- « rage froid et tranquille et d'une présence d'esprit « étonnante... Sept gros vaisseaux, dont un à trois « ponts, ont successivement combattu celui de « M. le duc de Chartres, qui a répondu avec la plus « grande vigueur, quoique privé de sa batterie « basse; un vaisseau de notre armée a dégagé le « Saint-Esprit dans le moment le plus vif et a essuyé « un feu si terrible qu'il a été absolument désem- « paré et obligé de se retirer. » L'armée navale étant rentrée à Brest, le duc de Chartres vint à Paris, et à Versailles; il y fut reçu avec enthou-

« fut généralement admiré, et que le prince eut
« raison d'approuver (1). »

La forme désagréable, l'irrégularité des habitations qui bordaient le jardin en trois sens, les inconvéniens continuels auxquels donnaient lieu les concessions et les priviléges dont chaque propriétaire jouissait, firent naître l'idée d'isoler la promenade et de l'entourer de portiques surmontés de bâtimens dont la décoration et l'ordonnance devaient s'accorder avec celles de la grande façade du Palais. Les critiques furent nombreuses, les oppositions ne le furent pas moins. Les propriétaires des maisons qui environnaient le jardin du Palais-Royal et qui avaient tous des vues, des terrasses, des portes, des escaliers sur ce jardin, crièrent *à la violation des droits acquis*, et se réunirent pour contester au duc de Chartres le droit de faire des rues et de

---

(1) Voir le plan de 1781, n° 4.

bâtir dans son jardin. Ils le citèrent devant le parlement de Paris, qui jugea le procès contre eux. Le duc de Chartres obtint des lettres patentes, enregistrées le 26 août 1784, qui lui permettaient d'accenser (1) les terrains des maisons bâties et à bâtir au pourtour du jardin, à raison de vingt sols par toise : le tout formant 3,500 toises (2). Les clauses et conditions sont, outre la redevance de l'accensement, « de rembourser les « prix des constructions à ceux qui les auraient « avancés, d'entretenir à perpétuité et de recons- « truire les bâtimens dans le même état de soli- « dité, forme, dimension et décoration ; enfin de « réserver pour le service du Palais les galeries « de circuit autour du jardin. » (3)

(1) L'accensement d'un terrain était une aliénation à perpétuité, moyennant un cens annuel et non rachetable.

(2) On rapporte, pour exemples de concessions pareilles, les terrains de la place Dauphine, sous Henri IV, et ceux du palais des Tournelles, sous Charles IX.

(3) C'est en vertu de ces droits que, sous les auspices de

Pour l'exécution du plan de M. Louis, approuvé par le prince le 12 juin 1781, il fallut abattre *la grande allée*, au regret de tous les vieux habitués du Palais-Royal, de tous les promeneurs de Paris et de tous les politiques *en plein vent* qui, la canne à la main, corrigeaient sur le sable les fautes de nos grands capitaines, et gagnaient des batailles sans se déranger. Cette allée était composée de marronniers d'une grosseur et d'une hauteur extraordinaires; ils avaient été plantés par le cardinal de Richelieu, et ce souvenir ajoutait encore à l'effet qu'ils produisaient. Cependant la plupart des arbres étaient couronnés, presque tous se trouvèrent pourris dans le cœur et il fut reconnu qu'ils n'auraient pas survécu long-temps si on ne

M. de Belleyme, préfet de police, les galeries du Palais-Royal, rendues à leur largeur primitive, ont été débarrassées de tous les étalages, de toutes les superfétations qui gênaient la voie publique, et sont redevenues l'une des plus agréables promenades de Paris.

les avait pas abattus à cette époque. Parmi ces beaux marronniers il y en avait un remarquable par l'étendue de son feuillage : on l'avait surnommé *l'arbre de Cracovie*, parce que dans le temps des premières tentatives de la Russie pour subjuguer la Pologne, on prenait à Paris un grand intérêt aux efforts que faisaient les Polonais pour défendre leurs droits politiques et leur indépendance nationale. On se réunissait autour de cet arbre pour entendre la lecture des nouvelles : le courrier de l'Europe et la Gazette de Leyde étaient presque les seuls journaux du temps. Parmi les habitués de *l'arbre de Cracovie* on remarquait M. Métra, qui en était en quelque sorte le chef, et dont le nez était devenu célèbre par ses dimensions extraordinaires, et la famille de petits nez dont le nez principal était couvert.

Pendant que M. Louis préludait à ses travaux, l'Opéra brûla une seconde fois. Le 8 juin 1781, après une représentation d'Orphée, le public était déjà sorti de la salle, mais il y avait encore beaucoup de monde tant sur le théâtre, que dans les loges des acteurs et surtout des actrices : le feu prit à une bande d'air qu'on coupa aussitôt, mais malheureusement du seul côté où elle était enflammée ; il gagna les coulisses et le théâtre fut bientôt en combustion. Les issues des loges des acteurs furent promptement obstruées par les flammes et les loges elles-mêmes remplies de fumée : ce qui y fit périr beaucoup de monde. Un danseur nommé Huart sauta par la fenêtre du second étage sur le toit d'une boutique, glissa dans la Cour des Fontaines et ne se tua pas : mais un petit bon-homme qui le servait, n'ayant pu se déterminer à en faire autant, resta dans la loge et périt.

Le feu ayant promptement envahi toutes les parties de la salle, le comble tomba en masse avec un fracas épouvantable, et sa chute fit jaillir une gerbe de feu semblable à l'éruption d'un volcan. L'alarme fut générale dans Paris; le tocsin sonna, une portion considérable de la population de cette grande cité accourut au Palais-Royal, où se portèrent en même temps les gardes-françaises et les gardes suisses, le guet à pied et le guet à cheval commandés par le chevalier Dubois; les capucins, les Récollets, et les Cordeliers s'y rendirent également, selon l'usage du temps, sous la conduite de leurs supérieurs religieux. Les pompiers de Paris, commandés par M. Morat, rendirent les plus grands services et furent habilement secondés par les gens de la maison d'Orléans, sous les ordres de M. Lebrun, inspecteur du Palais-Royal. On parvint à retirer des flammes plusieurs personnes, au nombre desquelles se trouvaient quelques danseuses qui auraient péri sans le courage de ceux qui les sauvèrent. Enfin, plus heureux qu'en 1763, où presque tout le Palais-Royal fut brûlé, à la suite de l'incendie de l'ancienne salle de l'Opéra, on parvint à se rendre maître du feu, sans qu'aucune partie du Palais, même la Cour des Fontaines, devînt la proie des flammes. Cependant la salle et ses dépendances furent entièrement consumées. Il n'y avait point alors d'assurances contre les incendies, et la perte fut immense.

Cet incendie servit de prétexte pour enlever l'Opéra au Palais-Royal, malgré les réclamations du duc de Chartres et du prince son père. L'administration de la ville de Paris, qui en 1763 avait accordé quatre années pour remplacer la salle de spectacle du cardinal, se montra cette fois plus avare de temps. L'Opéra au comble de sa gloire était devenu indispensable pour les plaisirs des parisiens; on craignit les lenteurs que devait nécessairement entraîner l'examen des nombreux projets qui furent présentés pour donner à la capitale un théâtre digne d'elle, et, après diverses hésitations, on finit par recourir au provisoire.

On adopta le plan de M. Lenoir, qui s'engagea à bâtir en six semaines, dans un terrain acheté par la ville de Paris, sur le boulevard, la salle qui subsiste encore sous le nom de théâtre de la Porte Saint-Martin. Les travaux commencèrent le 22 juillet 1781, et l'ouverture du théâtre eut lieu le 5 octobre suivant.

« La salle que M. Lenoir a bâtie était moins
« magnifique, mais plus grande, d'une meilleure
« coupe, et plus commode que celle qui venait
« d'être brûlée au Palais-Royal : on en blâma le
« goût, mais on ne peut s'empêcher de vanter
« l'adresse et l'habileté avec lesquelles, en moins
« de deux mois, cette grande entreprise avait été
« terminée comme par enchantement (1). »

Le plan de 1781 conservait la cour avec la même décoration du côté de la place du Palais-Royal; il divisait l'espace opposé, du côté du jardin, en deux autres cours avec des colonnades

(1) M. Fontaine.

à jour et des appartemens au-dessus. Mais la translation de l'Opéra à la Porte Saint-Martin détermina le prince et M. Louis, son architecte, à faire des changemens et des modifications au plan précité. Après avoir achevé les bâtimens sur les trois côtés du jardin, on avait fondé la colonnade qui devait les séparer des cours du Palais : elle s'élevait lentement, et les colonnes n'étaient encore qu'à quelques pieds hors de terre, lorsque le prince, dans le chimérique espoir de ramener un jour l'Opéra au Palais-Royal, ordonna de quitter ce travail en 1786, pour commencer à construire, dans le jardin des princes, la salle actuelle du Théâtre-Français; mais à peine les voûtes des caves de cet édifice furent-elles fermées, que ces fondations furent à leur tour abandonnées, et on démolit successivement en 1787 et 1788 le grand corps de logis du Palais qui fermait le jardin des princes du côté du sud; l'aile où se trouvait le salon d'Oppenort ainsi que la grande galerie de Coypel qui séparait ce jardin de la rue de Richelieu, enfin l'aile dite *l'aile de la Chapelle* qui le séparait de la seconde cour.

Pendant ces démolitions, le mode d'habitation de l'intérieur du Palais-Royal avait subi de grands changemens. Le duc Louis-Philippe était mort à Sainte-Assise le 18 novembre 1785, et le duc Louis-Philippe-Joseph et la duchesse d'Orléans avaient cédé à leurs enfans les appartemens qu'ils occupaient, étant duc et duchesse de Chartres, dans les ailes latérales de la première cour, pour s'établir dans les grands appartemens qui s'étendent dans l'aile latérale de la seconde cour, depuis le grand escalier jusqu'au jardin sur lequel le duc d'Orléans habitait constamment les trois arcades, 178, 179, 180, réservées à l'apanage par les lettres-patentes de 1784, et qui communiquaient de plain-pied avec l'appartement de la duchesse d'Orléans sur la cour et sur la rue de Valois.

La question du théâtre n'avait pas été résolue par le plan de 1781, puisque l'Opéra subsistait encore lorsque ce plan avait été dressé. Le plan de 1786 (1) indique la disposition de la nouvelle salle de spectacle confiée aux talens de M. Louis. C'est alors qu'au lieu de trois cours, selon les premiers projets, on prit le parti de n'en faire que deux. La plus grande, celle sur le jardin, que l'on nomma la *cour d'honneur*, devait avoir la même étendue qu'aujourd'hui, en y ajoutant celle des trois colonnades latérales qui n'appartiennent pas à ce projet. Le second grand escalier qui en faisait partie, mais qui n'a pas été construit, était destiné à desservir les nouveaux appartemens de l'aile projetée entre le théâtre et les arcades sur le jardin. Cet escalier se trouvait placé par le second projet, comme par le premier, dans la partie qui devait être bâtie en prolongation

---

(1) Voir le plan de 1786, n° 5.

du second vestibule sur la gauche. Ce second projet, préférable au premier, aurait encore présenté de grandes difficultés à résoudre, mais on n'en a exécuté qu'une faible partie, savoir : le mur de face du pavillon répétant celui de M. Contant sur la façade qui regarde le nord; le vestibule en colonnes; le commencement de l'escalier, et la façade en retour adossée au théâtre, avec quelques distributions accessoires.

Cependant le nouveau théâtre s'élevait bien lentement et le duc d'Orléans, désabusé, par le refus de la Cour, de l'espérance qu'il avait conçue de faire revenir l'Opéra au Palais-Royal, consentit à passer le 6 février 1787 avec Gaillard et Dorfeuille un bail pour la location de la salle que construisait M. Louis; mais en attendant qu'elle fût achevée, il leur permit d'élever à leurs frais une salle provisoire bâtie en charpente sur le terrain du jardin des princes. Ils y amenèrent la troupe qui jouait sur le boulevard au théâtre *des*

Variétés amusantes, dont ils étaient directeurs; et, pendant trois ans, les *Beaulieu*, les *Bordier*, les *Barotheau*, furent applaudis tous les soirs au Palais-Royal par de nombreux spectateurs (1).

Ce fut vers cette époque que commença en France le grand mouvement national qui est devenu la révolution. Les notables, convoqués en 1787, n'avaient point calmé l'exigence de la nation; un cri général s'élevait pour obtenir la convocation des États-Généraux. Alors éclata la

(1) Outre la salle de bois provisoire des Variétés, il y avait encore dans le Palais-Royal un second petit théâtre situé à l'extrémité de l'aile des arcades sur le jardin, du même côté. Ce petit théâtre fut occupé d'abord par ce qu'on appelait *les petits comédiens du comte de Beaujolois*. La salle, construite aux frais du prince, en 1783, sur les dessins de M. Louis, subsiste encore, mais avec de grands changemens dans la décoration. Louée d'abord par bail du 30 août 1783 à *Gardeur* pour la somme de 15,000 fr., elle fut vendue, le 24 juin 1767, à Desmarêts qui la céda à mademoiselle Montansier pour la somme de 570,000 fr.; revendue, en 1814, par expropriation forcée, elle devint un café à spectacles.

lutte de la Cour avec le parlement de Paris, au sujet des édits bursaux portant création d'un emprunt de quatre cent millions pendant cinq ans.

Le roi tint, le 19 novembre 1787, une séance royale dans laquelle il annonça qu'il était venu pour entendre les opinions de son parlement: « Chacun, avait dit S. M., pouvait les énoncer li-« brement; » mais lorsqu'il fut reconnu que la grande majorité serait contraire à l'enregistrement, le roi défendit au garde-des-sceaux Lamoignon d'achever de compter les voix, et ordonna lui-même que les édits fussent enregistrés. Alors le duc d'Orléans se leva et protesta contre cet enregistrement, qui, dit-il, lui paraissait *illégal*. Après que le Roi se fut retiré, tout le parlement adhéra à cette protestation, et déclara que la compagnie n'avait eu aucune part à la transcription des édits sur ses registres. Le lendemain, le duc d'Orléans fut exilé à Villers-Cotterets, et deux conseillers du parlement, MM. de Freteau et Sabatier, qui avaient parlé avec le plus de force contre l'enregistrement, furent arrêtés et relégués dans les prisons du château de Dourlens et du mont Saint-Michel. Le parlement se rendit en corps à Versailles pour demander au roi le rappel du duc d'Orléans et la mise en liberté des deux conseillers arrêtés. Le roi s'y refusa en disant : « qu'il avait eu de fortes raisons de les punir. » Le parlement répliqua que « le roi n'avait pas le « droit de punir, puisqu'il n'avait pas celui de ju- « ger; qu'il n'avait que le plus beau droit de tous, « celui de faire grace. » Et il demanda que le duc d'Orléans et les deux conseillers fussent mis en jugement, mais le roi s'y refusa pareillement.

L'opinion publique s'empressa d'environner de sa faveur ceux que la Cour avait punis de leur résistance à ses volontés. Elle s'attacha spécialement au duc d'Orléans, dans lequel on ne vit plus qu'une *illustre victime du pouvoir arbitraire* (1). Mille circonstances, qui avaient été jusqu'alors comme inaperçues ou du moins sans influence, se colorèrent tout-à-coup de l'intérêt de la situation dans laquelle la rigueur impolitique de l'autorité venait de placer le premier prince du sang. Il revint à Paris le 23 mars 1788, avec la permission du roi, mais ce ne fut que le 17 avril qu'il obtint celle d'aller lui faire sa cour.

Les États-Généraux furent convoqués le 24 décembre 1788, et, lors de l'élection des députés, le duc d'Orléans fut élu à la fois à Paris, à Villers-Cotterets et à Crespy-en-Valois. Il accepta cette dernière députation de préférence aux deux autres parce que les cahiers de ce baillage, c'est-à-dire les instructions données aux députés par leurs commettans, lui paraissaient plus conformes au vœu national. Aux États-Généraux, dans la

---

(1) Mémoires du marquis de Ferrières, tome 1ᵉʳ, page 12.

chambre de la noblesse, le duc d'Orléans se rangea dans cette minorité courageuse qui résistait aux prétentions de la majorité. Le 25 juin 1789, il fut du nombre des quarante-sept députés de l'ordre de la noblesse qui se réunirent au tiers-état déjà constitué en *assemblée nationale*, afin d'y vérifier leurs pouvoirs en commun. Le roi ayant ensuite ordonné la réunion des trois ordres en une seule assemblée, elle eut lieu le 27 juin, et le 3 juillet le duc d'Orléans en fut élu président; mais il refusa cette fonction. Quelques jours après, son buste fut porté en triomphe à Paris en même temps que celui de M. Necker, au moment où le renvoi du ministère qui avait appelé les États-Généraux, et l'approche des troupes avec lesquelles on avait l'espoir de subjuguer l'opinion, firent éclater l'insurrection parisienne et provoquèrent la formation de la garde nationale.

Le jardin du Palais-Royal offrait alors tant

d'attraits divers de curiosité ou de distraction, qu'il était devenu le rendez-vous de tous les étrangers, de tous les promeneurs. On y avait élevé en 1786 un cirque artistement décoré en compartimens de treillage. Il offrait l'image d'un bosquet orné de fleurs et d'arbustes, et rafraîchi par des eaux qui s'élevaient et retombaient sur la terrasse dont cette élégante construction était couronnée. La hauteur du bâtiment, pour ne pas obstruer la vue, se trouvait moitié au-dessus, moitié au-dessous du sol. On devait y arriver, des appartemens, par une petite galerie à jour, et, des parties basses du Palais, par un couloir souterrain dont on retrouve encore quelques traces. Ce cirque fut d'abord destiné à des exercices d'équitation qui n'eurent jamais lieu; plus tard, on y donna des fêtes, des repas, des jeux, des bals, des représentations scéniques, qui augmentèrent encore la foule dont le Palais-Royal se remplissait tous les jours. Le cirque occupait entre les allées du Palais-Royal l'emplacement où se trouvent aujourd'hui le bassin et la plus grande partie des deux carrés de gazon. Loué d'abord à Rose, restaurateur, il servit dans la révolution à la réunion du club de *la Bouche de fer*. Ensuite il fut loué à Gervais et à Desaudrais, et ce fut avant l'expiration de leur bail qu'il devint la proie des flammes, en 1799 (25 frimaire an VIII).

Le mouvement politique qui agitait toutes les têtes et le défaut de journaux qui rendissent compte des opérations de l'assemblée, accrurent le désir de chacun de se rapprocher et de se communiquer ses idées. Les réunions du public dans le jardin du Palais-Royal devenaient chaque jour plus nombreuses. On y accourait en foule de tous les quartiers de Paris, pour y chercher des nouvelles, et se mettre au courant de ce qu'on ne pouvait apprendre autrement. L'arrivée d'une personne qui venait de Versailles était un événement; on l'entourait, on l'interrogeait, on l'écoutait avec avidité pour apprendre à la fois ce que faisaient la Cour, le ministère et les États-Généraux. Ces grandes réunions, devenues journalières, présentaient plus de danger pour la tranquillité que l'influence des journaux : elles rendaient la force populaire plus redoutable en la mettant à portée d'agir de concert, et l'opinion publique s'enflammait avec plus de rapidité. Ainsi le 12 juillet 1789, après la formation d'un nouveau ministère et le départ de M. Necker, qui avaient mis Paris dans la plus grande effervescence, des groupes se formèrent dans divers lieux publics, notamment dans le jardin du Palais-Royal. Ce fut dans un de ces groupes qu'un jeune homme, inconnu jusqu'alors, proposa de prendre les armes et d'arborer une nouvelle cocarde comme signe de ralliement et de reconnaissance mutuelle : ce jeune homme était Camille Desmoulins. Voici comme il raconte lui-même cette scène remarquable dont

les conséquences ont été d'une si grande importance : « Il était deux heures et demie; je ve-
« nais sonder le peuple. Ma colère était tournée
« en désespoir. Je ne voyais pas les groupes, quoi-
« que vivement émus et consternés, assez dispo-
« sés au soulèvement. Trois jeunes gens me paru-
« rent agités d'un plus véhément courage; ils se
« tenaient par la main : je vis qu'ils étaient venus
« au Palais-Royal dans le même dessein que moi;
« quelques citoyens passifs les suivaient. » « Mes-
« sieurs, leur dis-je, voici un commencement
« d'attroupement civique, il faut qu'un de nous se
« dévoue et monte sur une table pour haranguer
« le peuple. » — « Montez-y. » — « J'y consens. »
« Aussitôt je fus plutôt porté sur la table que je
« n'y montai. A peine y étais-je que je me vis en-
« touré d'une foule immense. Voici ma courte
« harangue, que je n'oublierai jamais :

« Citoyens, il n'y a pas un moment à perdre.
« J'arrive de Versailles, M. Necker est renvoyé :

« ce renvoi est le tocsin d'une Saint-Barthélemy
« de patriotes : ce soir tous les bataillons suisses
« et allemands sortiront du Champ-de-Mars pour
« nous égorger; il ne nous reste qu'une ressource,
« c'est de courir aux armes, et de prendre des
« cocardes pour nous reconnaître. » J'avais les lar-
« mes aux yeux, et je parlais avec une action que
« je ne pourrais ni retrouver ni peindre. Ma mo-
« tion fut reçue avec des applaudissemens infinis.
Je continuai : « quelle couleur voulez-vous? » Quel-
« qu'un s'écria : choisissez. — « Voulez-vous le vert,
« couleur de l'espérance, ou le bleu Cincinnatus,
« couleur de la liberté d'Amérique et de la dé-
« mocratie ! » des voix s'élevèrent : le vert, couleur
« de l'espérance ! Alors je m'écriai : « Amis ! le signal
« est donné. Voici les espions et les satellites de
« la police qui me regardent en face. Je ne tom-
« berai pas du moins vivant entre leurs mains. »
« Puis, tirant deux pistolets de ma poche, je dis :
« que tous les citoyens m'imitent ! » « Je descendis

« étouffé d'embrassemens; les uns me serraient
« contre leur cœur, d'autres me baignaient de
« leurs larmes : un citoyen de Toulouse, craignant
« pour mes jours, ne voulut jamais m'abandonner.
« Cependant on m'avait apporté un ruban vert;
« j'en mis le premier à mon chapeau et j'en dis-
« tribuai à ceux qui m'environnaient. Mais, un
« préjugé populaire s'étant élevé contre la cou-
« leur verte, on lui substitua les trois couleurs
« qui furent alors proclamées comme les couleurs
« nationales (1). »

Les ennemis du duc d'Orléans lui firent un crime de sa popularité, mais il dédaigna ces menaces, et continua de défendre avec fermeté les doctrines constitutionnelles. Les événemens des 5 et 6 octobre furent l'occasion de nouvelles calomnies contre ce prince. On prétendit, comme

---

(1) Galerie historique du Palais-Royal : tableau de M. Horace Vernet.

de coutume, qu'il en avait été le moteur, et on s'efforça d'imputer au prétendu parti d'Orléans les crimes qui ensanglantèrent cette nuit terrible.

M. de la Fayette, alors commandant de la garde nationale parisienne, eut, quelques jours après, avec le duc d'Orléans, chez madame la marquise de Coigny, cette entrevue sur laquelle on débita tant de fables. Il lui représenta seulement qu'il serait de son honneur de faire cesser les bruits injurieux qui circulaient sur son compte; que le plus sûr moyen d'y parvenir serait de quitter la France; que le Roi lui saurait gré de ce sacrifice au repos public et de cette marque d'attachement. Le duc d'Orléans fit céder ses répugnances à cette considération. On le flattait d'ailleurs de l'espoir d'être utile à la France pendant son absence; on le chargeait d'une mission que la suite a prouvé n'avoir été qu'un prétexte mis en avant pour le déterminer plus sûrement à partir. Il n'est pas impossible qu'il ne s'en fût déjà aperçu lui-même lorsqu'il consentit à l'accepter ; néanmoins son désir de ne pas voir son nom associé aux mouvemens populaires l'emporta sur tout autre motif ; il partit pour l'Angleterre, le 14 octobre 1789, après avoir pris congé du roi aux Tuileries, et avoir reçu de ses mains les instructions dressées par M. de Montmorin.

Peu de temps après le départ du prince, le tribunal du Châtelet de Paris commença secrètement à recevoir des dépositions sur les événemens des 5 et 6 octobre, et l'instruction de cette procédure dura plusieurs mois. Il est incontestable qu'elle était dirigée principalement contre le duc d'Orléans, que ses ennemis voulaient absolument trouver coupable. Cependant malgré cette instruction, dont il n'ignorait pas la tendance, et les insinuations qui lui furent adressées pour l'engager à ne pas quitter l'Angleterre, il revint en France à l'époque de la fédération. Bravant l'orage excité contre lui, il arriva à Paris dans les premiers jours de juillet 1790, et parut à la tribune pour y expliquer les causes de son absence et celles de son retour. Un mois après que le duc d'Orléans eut repris sa place de député, une députation du tribunal du Châtelet se présenta à la barre de l'assemblée nationale, déposa la procédure sur le bureau, et demanda aux termes de la loi constitutionnelle qui ne permettait pas de mettre en jugement les membres de l'assemblée nationale sans qu'elle les eût préalablement décrétés d'accusation, que l'assemblée déclarât *qu'il y avait lieu à accusation contre le duc d'Orléans et le comte de Mirabeau.* L'assemblée ordonna l'impression de toute la procédure, et chargea un de ses comités d'en faire le rapport. Ce rapport fut fait le 2 octobre par M. Chabroud, et l'assemblée déclara à une grande majorité : *qu'il n'y avait lieu à accusation ni contre le duc d'Orléans, ni contre le comte de Mirabeau.*

Nous avons déjà dit qu'au mois de juillet 1789 le duc d'Orléans avait refusé la présidence de l'assemblée, lorsqu'elle lui avait été offerte après la réunion des ordres. Il se conduisit avec la même mesure à l'époque de la fuite du roi et de la famille royale, le 21 juin 1791 ; loin de chercher à profiter de cette occasion pour s'emparer du pouvoir, ni lui, ni aucun de ceux qu'on accusait de former son parti et de vouloir le porter au trône, ne firent aucune démarche qui pût indiquer cette intention. Il déclara, au contraire, publiquement qu'il n'accepterait ni la régence, ni aucune place qui le mettrait à la tête du gouvernement. Le duc d'Orléans siégea dans l'assemblée constituante jusqu'à l'époque de sa dissolution, le 30 septembre 1791, et continua à résider au Palais-Royal.

La nouvelle salle du Palais-Royal, aujourd'hui le théâtre Français, venait alors d'être terminée, et, vers la fin de l'année 1790, cette salle livrée à Gaillard et Dorfeuille (1), fut ouverte au public. « M. Louis, dit M. Fontaine, fit preuve « de la plus rare et de la plus haute intelligence « dans la conception et l'exécution de toutes les « parties de ce beau travail. Les murs de la salle « et les escaliers furent construits en pierre de « choix, taillées avec la plus grande habileté; la « charpente de la couverture de l'édifice ainsi que « les planchers, les plafonds et les supports des « loges furent faits en fer, les interstices étant « remplis par des pots de terre cuite, mode de « construction jusqu'alors peu connu en France, « et qui présentait le grand avantage de rendre « l'édifice incombustible. Jamais dans un aussi « petit espace on n'avait su trouver une salle de « spectacle plus complètement, plus artistement « ménagée : belle ouverture d'avant-scène, gran-

---

(1) Le prix de la location annuelle, pour trente ans, était de 24,000 fr.; prix bien modique si l'on considère que la construction de cette salle avait coûté trois millions.

« deur de théâtre suffisante, distribution de loges
« commode, corridors spacieux, dégagemens
« nombreux, abords convenables, solidité à toute
« épreuve sans soutiens apparens; tout était digne
« de remarque dans ce bel édifice. »

C'est par là que se terminèrent les constructions faites au Palais-Royal par le duc d'Orléans (Louis-Philippe-Joseph).

La position de fortune où ce prince fut réduit par une foule de circonstances, les unes préexistantes ou étrangères à la révolution, les autres résultant des lois rendues par les assemblées, ainsi que nous l'expliquerons plus amplement, ne lui permit pas de mettre la dernière main aux grands travaux qu'il avait entrepris. Ne pouvant achever l'aile en colonnade à jour entre le jardin et la cour d'honneur, il avait permis d'élever au-dessus de ces constructions, qui n'étaient guère encore que des fondations, des hangars en planches qui formaient trois rangées de boutiques séparées les unes des autres par deux promenoirs couverts. Ces hangars, loués à Romain en 1786, furent d'abord appelés *le camp des Tartares*, ensuite *les galeries de bois*. La dernière partie de ces misérables échoppes, qui tombaient en ruines, à été démolie après quarante-trois ans d'existence, au commencement de 1829, pour faire place à la galerie neuve dite *galerie d'Orléans*.

Lavoyepierre succéda à Romain en 1789 dans le bail des galeries de bois, et en 1792 il obtint du prince un nouveau bail de douze ans, tant de ces mêmes galeries que de celle qu'il s'obligea de construire à ses frais entre le théâtre et l'aile des arcades qui sépare la rue de Montpensier du jardin du Palais-Royal. Cette galerie, qu'on a appelée *la galerie vitrée*, lui fut louée avec *les galeries de bois* pour le prix de cinquante-quatre mille livres par an. Ce bail, qui n'a expiré qu'en 1804, a eu l'avantage de rendre impossible l'aliénation de ces parties importantes du Palais-Royal, pendant l'époque où tout s'aliénait avec une déplorable facilité.

Cependant beaucoup de circonstances malheureuses se réunissaient pour aggraver la situation des finances du duc d'Orléans et pour porter ses embarras pécuniaires au plus haut degré. Il s'était chargé d'une masse de dettes toutes antérieures à la révolution, qui étaient ce qu'on appelait alors *des rentes sur la maison d'Orléans*, dont les capitaux n'étaient point exigibles, tandis que par l'effet de la révolution ils le devinrent tout-à-coup; car le prince se trouva alors privé d'une partie des revenus nécessaires non seulement au service de ces rentes, mais même à sa propre existence et à celle de sa famille. Cette réduction provenait principalement de la privation des produits de son apanage et de la suppression des droits féodaux.

Les biens composant l'apanage du duc d'Orléans,

dont le revenu brut s'élevait en 1789 à 4,822,607(1), lui avaient été enlevés par un décret de l'assemblée nationale, et remplacés par une rente apanagère d'un million, dont aucun terme, ni aucun quartier n'a jamais été payé, non plus que le million annuel pendant vingt ans voté pareillement par l'assemblée constituante pour l'extinction des dettes de la maison d'Orléans. Un tel déficit dans ses recettes était plus que suffisant pour mettre le duc d'Orléans hors d'état de servir les intérêts dus à ses créanciers; et cependant ce n'était encore qu'une partie de ses pertes. Depuis l'abolition du régime féodal, les contribuables avaient cessé de payer indistinctement tant les droits abolis, que ceux qui, déclarés rachetables, devaient continuer à être payés jusqu'à ce que le rachat en eût été effectué, et il n'y avait alors

(1) Voyez le Moniteur de 1790, où se trouve l'état qui en a été fait par le Comité des domaines de l'assemblée constituante.

aucun moyen quelconque de les contraindre à payer. Il n'y en avait pas davantage de forcer la perception des autres revenus, lorsqu'elle ne s'effectuait pas volontairement. Tout le monde était ruiné, les ventes de bois étaient presque des non-valeurs; en sorte que le duc d'Orléans ne touchait plus que des fractions de ses revenus, sans pourtant cesser d'être passible de tous les paiemens envers ses créanciers.

Ce fut dans ce déplorable état de choses que, sur la fin de 1791, le duc d'Orléans se détermina à assembler ses créanciers pour prendre avec eux des arrangemens que sa situation financière lui imposait; et, le 9 janvier 1792, il signa avec eux un concordat par lequel il promettait de faire vendre à leur profit ceux de ses biens désignés dans un état annexé au concordat, dont l'aliénation serait jugée nécessaire pour effectuer le remboursement intégral de leurs créances; il autorisait en même temps ses créanciers à nommer quatre mandataires chargés de surveiller les opérations des ventes qui devaient s'effectuer sous sa direction. C'était sans doute un bien grand sacrifice que sa loyauté pouvait seule lui faire supporter, et auquel il se soumit avec une résignation admirable; mais quelque grand que ce sacrifice fût en lui-même, il a eu des conséquences encore plus funestes que tout ce qu'il était possible de prévoir, et sur lesquelles nous serons bientôt obligés de revenir.

Le duc d'Orléans habitait toujours tranquillement le Palais-Royal, lorsque la guerre fut déclarée le 20 avril 1792. Il crut alors devoir demander la permission de se rendre comme volontaire à l'armée du nord où ses deux fils le duc de Chartres et le duc de Montpensier servaient à cette époque. Le Roi lui ayant fait dire « *qu'il pouvait faire tout ce qu'il voulait,* » il considéra cette réponse comme l'autorisation qu'il avait demandée, et se rendit à Valenciennes au mois de mai, accompagné de son troisième fils le comte de Beaujolais alors âgé de douze ans et demi. Le duc d'Orléans suivit l'armée dans les divers mouvemens qu'elle fit sur la frontière et même dans les Pays-Bas sous les ordres du maréchal Luchner, et il se trouva aux deux affaires de Menin et de Courtrai. On espérait alors que cette armée prendrait l'offensive d'une manière énergique, mais cet espoir fut déçu, et, dans les premiers jours de juillet, la division où servaient le duc de Chartres et le duc de Montpensier, ayant été envoyée en Lorraine par l'intérieur de la France, pour y remplacer la division de l'armée du centre qui devait se porter sur la Flandre (ce qu'on appela alors par dérision *le chassé-croisé des armées*), le duc d'Orléans crut pouvoir profiter de cet intervalle d'inaction pour aller vaquer momentanément à ses affaires à Paris. Il était à peine arrivé au Palais-Royal qu'il reçut du Roi l'ordre de ne plus retourner à l'armée. Il resta donc au Palais-Royal qu'il n'a plus quitté, depuis lors, que pour être transféré *comme prisonnier* dans les forts de Marseille.

Cependant l'invasion du territoire français devenait plus imminente de jour en jour. Les armées étrangères marchaient de toutes parts contre la France, et, le 11 juillet, l'assemblée nationale législative déclara que *la patrie était en danger*. Cette déclaration proclamée sur toutes les places publiques de Paris, le fut sur celle du Palais-Royal avec une pompe extraordinaire.

Voici la formule que le président avait prononcée au nom du corps législatif :

« Des troupes nombreuses s'avancent sur nos « frontières : tous ceux qui ont horreur de la « liberté s'arment contre notre constitution.

« Citoyens! *la patrie est en danger!*

« Que tous ceux qui ont déjà eu le bonheur « de prendre les armes pour la liberté, se sou-

« viennent qu'ils sont Français et libres; que leurs
« concitoyens maintiennent dans leurs foyers
« la sûreté des personnes et des propriétés, que
« les magistrats du peuple veillent, que tout reste
« dans le calme de la force, qu'ils attendent pour
« agir le signal de la loi, et la patrie est sauvée. »

Cette publication fut faite avec un appareil de solennité propre à en rehausser l'importance et à l'imprimer plus profondément dans les esprits. Le bruit du canon l'annonça dès le matin, le 22 juillet : les officiers municipaux à cheval et divisés en deux corps, sortirent à dix heures de l'Hôtel-de-Ville, faisant porter au milieu d'eux, par un garde national, une bannière tricolore où était écrit : *citoyens, la patrie est en danger!* devant et derrière eux marchaient plusieurs canons accompagnés de nombreux détachemens de gardes nationaux. La bannière indicative du danger de la patrie était ornée de quatre guidons sur chacun desquels était écrit l'un de ces mots : *liberté*, *égalité*, *publicité*, *responsabilité* ; une musique adaptée à la circonstance se faisait entendre devant le corps municipal. C'est dans cet ordre que l'on parcourut les principales rues et places de Paris pour y faire la proclamation. De vastes amphithéâtres étaient dressés sur les places publiques : le fond en était fermé par une tente couverte de guirlandes de feuilles de chêne, chargée de couronnes civiques et flanquée de deux piques surmontées du bonnet de la liberté. Le drapeau de la section flottait sur le devant de l'amphithéâtre garni de deux pièces de canon, et le magistrat du peuple revêtu de son écharpe, assis à une table posée sur deux tambours, recevait les noms des citoyens qui venaient se faire inscrire pour marcher aux frontières. C'est de là que sont partis les vainqueurs de Jemmapes, de Valmy, de Fleurus, des Pyramides, de Marengo et d'Austerlitz (1).

Après le 10 août 1792, lorsque l'invasion des armées prussiennes et autrichiennes, sous les ordres du duc de Brunswick, semblait devoir anéantir l'indépendance nationale, le duc d'Orléans fut élu député à la Convention où il devint l'objet des attaques de la Gironde qui parvint à faire rendre le 16 décembre 1792 un décret qui bannissait du territoire de la république tous les membres de la maison de Bourbon qui se trouvaient encore en France; mais ce décret fut rapporté deux jours après par l'influence de la Montagne. Le duc de Chartres, qui n'était pas à Paris (il servait dans l'armée de la Belgique comme lieutenant-général), aurait voulu que son père profitât de ce décret pour sortir de la convention nationale et se retirer

(1) Galerie historique du Palais-Royal : tableau de M. Horace Vernet.

avec tous les siens aux États-Unis d'Amérique, qui était le seul pays du monde où ils pussent trouver alors un asyle. Il le lui manda, et adressa en même temps au président de la Convention une lettre qui fut supprimée, parce qu'elle n'arriva à Paris qu'après la révocation du décret, mais qui pourtant fut connue. Il est bien à regretter que le duc d'Orléans n'ait pas suivi ce conseil, qui lui eût épargné de grands malheurs, et à sa famille de grands regrets.

Nous n'entreprendrons pas la tâche aussi pénible qu'affligeante de suivre le duc d'Orléans au milieu du tourbillon dans lequel il a été entraîné pendant le temps terrible où il a siégé dans la convention nationale. Renié par les uns, poursuivi par les autres, il fut bientôt persécuté par tous. Le comité de sûreté générale de la Convention ayant décerné des mandats d'arrestation contre les deux fils du duc d'Orléans, le duc de Chartres et le duc de Montpensier, qui servaient dans les armées françaises, l'un dans celle de la Belgique, et l'autre dans celle du Var, cette mesure fut bientôt suivie de l'arrestation du duc d'Orléans lui-même et de celle de tous les membres de sa famille qui n'avaient pas quitté la France. Il fut arrêté au Palais-Royal le 4 avril, avec son troisième fils le comte de Beaujolais âgé seulement de treize ans et demi : le duc de Montpensier fut arrêté à Nice; mais le duc de Chartres, instruit du sort qu'on lui préparait par le général Dumouriez qui lui remit lui-même l'original du décret rendu contre lui, quitta l'armée le 5 avril, et se réfugia en Suisse. Le duc d'Orléans arrêté au Palais-Royal, fut d'abord gardé à vue dans ses appartemens, puis conduit à la mairie, d'où il réclama inutilement auprès de la Convention l'inviolabilité de sa personne en qualité de député, en faisant observer qu'il ne pouvait être arrêté qu'en vertu d'un décret d'accusation rendu par la Convention elle-même. On répondit à sa réclamation en passant à l'ordre du jour, et le duc d'Orléans ainsi que le comte de Beaujolais furent emprisonnés à l'Abbaye.

Ce fut dans cette prison que les quatre mandataires de ses créanciers lui déclarèrent que, comme son arrestation et sa prochaine translation dans les forts de Marseille le mettaient hors d'état de procéder lui-même aux ventes qu'il avait promis de faire, il était nécessaire qu'il leur donnât une procuration pour pouvoir vendre eux-mêmes ceux des biens désignés dans l'état dont la vente serait jugée nécessaire à la liquidation. Le duc d'Orléans s'y résigna, et signa, *entre deux guichets comme lieu de liberté*, une procuration qui devint la source de sa ruine. Tous les biens du duc d'Orléans furent frappés du séquestre au moment de son arrestation; mais les mandataires ayant obtenu de la Convention l'autorisation de faire les ventes désignées dans le concordat, sous la condition que les produits en seraient versés dans le trésor public, ils commencèrent leurs opérations; et tel était l'épouvantable chaos où étaient tombées les lois et les formes de la justice, que, sans égard pour les termes du mandat, pour ceux de la procuration et pour ceux même du décret de la Convention, tout fut mis en vente indistinctement, tant les biens désignés dans l'état du concordat, que ceux qui n'y étaient pas compris; et on n'eut pas plus de scrupules pour ceux que le duc d'Orléans lui-même n'aurait pas pu vendre, s'il l'avait voulu, tels que le Palais-Royal et ses dépendances, qui ne pouvaient pas légalement être aliénés puisqu'ils avaient été exceptés de la reprise des biens de l'apanage en 1791, et qu'aucune loi subséquente n'en avait permis ou prescrit la vente. Néanmoins, par leur acte du 30 juillet 1793, les mandataires se rendirent eux-mêmes acquéreurs d'une partie des bâtimens de la Cour des Fontaines, et vendirent le reste pour la somme de huit cent seize mille trois cents francs, en *assignats*. Les autres maisons dépendantes du Palais furent vendues de la même manière, et, le 22 octobre 1793, Gaillard et Dorfeuille furent déclarés adjudicataires et propriétaires pour la somme d'un million six cent mille francs, en assignats, non seulement du théâtre dont ils étaient locataires, mais encore de la partie du Palais qui s'y trouvait adossée.

Gaillard et Dorfeuille s'étaient associés à quelques comédiens français qui avaient fait scission avec leurs camarades de l'Odéon, alors *le théâtre de la Nation*, et ils exploitaient ensemble la salle du Palais-Royal, que l'on commença à appeler *le Théâtre de la République* à la fin de 1792. Mais dans l'impossibilité où ils se trouvèrent de payer le prix de leur acquisition, ils entrèrent en arrangement d'abord avec le sieur Prévost, puis avec M. Julien, qui, s'étant fait rétrocéder leur marché, se trouva au même titre en possession du théâtre.

Pendant qu'on se partageait ses dépouilles, le duc d'Orléans était retenu avec deux de ses fils (le duc de Montpensier et le comte de Beaujolais), sa sœur madame la duchesse de Bourbon, et le prince de Conty, dans les prisons de Marseille où il avait été transféré de l'Abbaye, par les ordres de la Convention. La duchesse d'Orléans, qui s'était retirée à Vernon auprès du duc de Penthièvre son père, fut elle-même arrêtée peu de temps après l'avoir perdu, et conduite au Luxembourg, alors converti en prison (1). Le

(1) Plus tard, en 1794, l'ordre fut donné de transférer la duchesse d'Orléans à la Conciergerie : c'était le signal de sa mort. La courageuse vertu de Benoît, concierge du Luxembourg, la sauva; et, après le 9 thermidor, cette princesse fut placée dans une maison de santé, la maison Belhomme à Charonne, où elle resta jusqu'au 18 fructidor, époque où elle fut déportée.

Elle chercha alors un asile en Espagne. Après l'entrée des troupes françaises dans ce royaume, elle se retira à Mahon;

duc d'Orléans conduit à Marseille fut d'abord mis au fort Notre-Dame, et bientôt après on le transféra au fort Saint-Jean où ses deux plus jeunes fils sont restés enfermés pendant trois ans et demi (1). Le duc d'Orléans pouvait

elle y était encore en 1814, lorsque la restauration la ramena en France, où elle vécut dans la plus profonde tranquillité et dans l'exercice de toutes les vertus. Elle est morte à Ivry, près Paris, le 23 juin 1821, et son corps a été transporté dans la chapelle de Dreux, que cette princesse avait commencé à relever pour servir de sépulture à sa famille, et qui a été achevée par les soins de son fils, le duc d'Orléans.

(1) Le duc de Montpensier (Antoine-Philippe d'Orléans) a tracé lui-même les détails de sa longue captivité à Marseille, dans un écrit rempli de charme et d'intérêt, qui fait partie des *Mémoires sur la révolution française.*

Le comte de Beaujolais, à peine âgé de douze ans, fut enfermé dans ce cachot en même temps que le duc d'Orléans son père, la duchesse de Bourbon sa tante, et le prince de Conty. Un jour, il était parvenu à tromper la surveillance des gardes ; mais instruit que son frère, moins heureux que lui, s'était cassé la jambe en cherchant à s'évader par sa fenêtre, il vint reprendre ses fers, et dit à son frère en l'embrassant : « Je n'aurais pu jouir sans toi de ma liberté. »

se croire oublié dans sa prison, lorsque, le 3 octobre, le député Amar parut à la tribune de la convention nationale pour y faire un rapport au nom du comité de sûreté générale sur la prétendue conspiration des Girondins, à la suite duquel il proposa de mettre en accusation quarante-cinq de leurs collègues et d'ordonner qu'ils fussent jugés par le tribunal révolutionnaire. Ces quarante-cinq députés appartenaient au parti de la Gironde auquel nous avons dit que le duc d'Orléans avait toujours été opposé. Cependant, après qu'on eut entendu le rapport d'Amar, Billaud-Varennes, un des députés de Paris qui passait pour avoir beaucoup d'influence dans le parti de la Montagne, proposa simplement et sans le motiver, que le duc d'Orléans fût ajouté à la liste des députés que la Convention allait mettre en accusation devant le tribunal révolutionnaire; et telle était la terreur qui régnait alors, que cette addition fut décrétée sans qu'il s'élevât une seule voix pour s'y opposer, ni même pour en demander le motif. Des commissaires furent aussitôt chargés d'aller chercher le duc d'Orléans et de le conduire à Paris.

A leur arrivée à Marseille, ils l'assurèrent que c'était moins un jugement qu'un éclaircissement que l'on désirait, et qu'il était probable que ce décret avait été rendu afin d'avoir un moyen de mettre un terme à sa captivité. Le duc d'Orléans se laissa persuader d'autant plus aisément que cela paraissait plausible; arrivé à Paris dans la nuit du 5 au 6 novembre, il fut conduit directement à la Conciergerie, où on lui annonça qu'il comparaîtrait dès le lendemain devant le tribunal révolutionnaire. Ce ne fut qu'alors qu'on lui fit connaître l'acte d'accusation sur lequel il allait être jugé. Son étonnement fut grand en voyant que cet acte d'accusation était précisément le même que celui qui avait été dressé contre les Giron-

dins, ses ennemis, et sur lequel ils avaient été condamnés à mort et exécutés huit jours auparavant : on ne s'était même pas donné la peine d'en faire un autre qui pût au moins être applicable au duc d'Orléans, et il est remarquable que parmi les absurdités qu'il contenait on eût laissé subsister le chef d'accusation dirigé contre le député Carra, auquel on avait reproché sans raison d'avoir voulu placer le duc d'York sur le trône de France. Aussi, lorsque le duc d'Orléans entendit la lecture de cet article, il dit froidement : « Mais en vérité ceci a « l'air d'une plaisanterie. » Interpellé par le tribunal de déclarer ce qu'il avait à répondre aux accusations portées contre lui, il se borna à faire observer « qu'elles se détruisaient d'elles-mê-
« mes, et qu'elles ne lui étaient pas applicables,
« puisqu'il était notoire qu'il avait été con-
« stamment opposé au système et aux mesures
« du parti qu'on l'accusait d'avoir favorisé. »

Néanmoins le tribunal ayant passé outre, et l'ayant condamné à mort sans désemparer, il dit sans se déconcerter, après avoir entendu sa sentence : « Puisque vous étiez décidés à me « faire périr, vous auriez dû au moins chercher « des prétextes plus plausibles pour y parvenir, « car vous ne persuaderez jamais à qui que ce « soit que vous m'ayez cru coupable de tout ce « dont vous venez de me déclarer convaincu, et « vous moins que personne, vous qui me con- « naissez si bien (ajouta-t-il en regardant An- « tonelle, chef du jury). Au reste, continua-t-il, « puisque mon sort est décidé, je vous demande « de ne pas me faire languir ici jusqu'à demain, « et d'ordonner que je sois conduit à la mort sur- « le-champ. » On lui accorda sans difficulté cette triste faveur. En traversant la place du Palais-Royal, la charrette qui le conduisait au supplice fut arrêtée quelques minutes, et pendant ce temps il promena ses regards avec le plus grand sang-froid sur la façade de son palais. Arrivé à la place Louis XV, il monta d'un pas ferme sur l'échafaud, et reçut le coup mortel le 6 novembre 1793 (16 brumaire an 2) à quatre heures du soir.

Après la mort de ce prince, le Palais-Royal fut réuni au domaine de l'État.

CHAPITRE IX.

Le Palais-Royal depuis sa réunion au domaine de l'État.

1793—1814.

Lorsque le Palais-Royal, déjà mutilé par les ventes des mandataires, eut été réuni au domaine de l'État, on ne songea plus ni à l'achever, ni à l'entretenir, ni même à prendre les mesures nécessaires à sa conservation; on ne s'occupa qu'à en tirer des revenus et à en faire de l'argent. Les arcades sur le jardin que le duc d'Orléans avait conservées, furent vendues nationalement ainsi que les bâtimens de l'hôtel de Châtillon qui avaient échappé aux mandataires. Il y eut même des aliénations partielles faites dans le corps du Palais à des restaurateurs, que leur banqueroute a annulées. Des locations de toute espèce y furent établies par un entrepreneur principal, le sieur Provost, qui tenait la ferme des jeux, et ces locataires dégradèrent le Palais dans tous les sens, sans que personne s'occupât de les en empêcher. Les uns hachaient les murailles pour agrandir les fenêtres ou pour percer des portes, les autres coupaient des arcs pour établir des tuyaux de cheminées; on faisait des cuisines partout, et il est étonnant que l'édifice ait pu résister au traitement qu'on lui a fait subir.

La salle de spectacle du Palais-Royal, qu'on appelait alors *le Théâtre de la République*, continuait à être exploitée par une société composée de quelques uns des comédiens français que la dépréciation des assignats ruinait graduellement et que leur chute totale ruina totalement. Après eux, le sieur Sageret, qui était alors entrepreneur de plusieurs théâtres dans Paris, devint locataire de celui du Palais-Royal. Malheureusement, une clause de son bail, passé le 1er juillet 1797, l'autorisait à faire à la salle tous les changemens, toutes les constructions, réparations et décorations qu'il jugerait à propos ; et, en vertu de cette clause, la salle qui avait déjà été fortement ébranlée par le canon du 13 vendémiaire an IV (5 octobre 1795) (1) fut entièrement bouleversée. On voulait alors que tout fût grec ou romain. La décoration intérieure de la salle, telle que M. Louis l'avait faite, n'étant

---

(1) Lorsque les troupes des sections de Paris se retiraient en désordre par la rue de Richelieu, quelques coups de canon tirés par elles sur les vainqueurs mutilèrent les colonnes du péristyle. La façade du théâtre porte encore les traces de ces coups de canon.

pas dans ce style, on la mutila impitoyablement; l'arrangement des loges, tout exécuté en fer et en pots, fut détruit pour être remplacé par une décoration en colonnes de charpente peintes en marbre jaune antique, posées en bascule sur la voûte du vestibule au rez-de-chaussée. On établit sur ces colonnes une voûte en bois qu'on plaça plus bas que l'ancien plafond de la salle construit en fer et en pots, lequel fut tranché en plusieurs endroits pour rattacher le nouveau plafond et les nouvelles colonnes à l'ancienne charpente en fer; à laquelle heureusement on n'osa pas toucher autrement. Il résulta de ces travaux qu'une salle très commode, très solide et incombustible, devint incommode, peu solide (au moins dans l'intérieur) et susceptible d'être incendiée; qu'au lieu d'être à son aise et de bien voir (à la vérité dans des loges découvertes, dont on ne voulait pas alors), le public se trouvait partout à l'étroit, et que les colonnes des loges avec les cloisons des divisions cachaient la scène à une grande partie des spectateurs.

Cette entreprise ne fut pas avantageuse à M. Sageret qui s'y ruina et disparut bientôt après avec son bail. Le directoire s'attribua alors la direction du Théâtre-Français et en chargea M. Mahéraut en qualité de commissaire du gouvernement, mais la salle resta dans l'état où M. Sageret l'avait mise.

Napoléon, ayant renversé le directoire et s'étant emparé des rênes du gouvernement, donna le Palais-Royal au Tribunat pour en faire le lieu de ses séances. On commença par expulser des appartemens du Palais les tripots, les maisons de jeu et les établissemens de corruption qui l'avaient envahi. Mais il y manquait une grande salle d'assemblée ; on la voulait de dimensions à peu près semblables à celle du conseil des Cinq-Cents au Palais Bourbon : M. Blève en conçut les premiers plans, et M. de Beaumont les termina.

« Il était sans doute difficile, dit M. Fontaine, en connaissant l'état de dégradation où le Palais-Royal était tombé d'y trouver un emplacement convenable pour l'établissement de cette salle qui devait contenir une assemblée de deux cent cinquante membres avec des galeries pour les spectateurs. On se détermina à la placer dans le pavillon dont M. Louis n'avait construit que le rez-de-chaussée et le mur de face, et qui répétait sur la façade de la grande cour le pavillon que M. Contant avait construit antérieurement sur la même façade. On détruisit quelques distributions intérieures au premier, et on prolongea le cercle de l'amphithéâtre jusqu'à la naissance de l'aile gauche de la cour d'entrée. On profita adroitement du peu d'espace qu'on avait à exploiter, et quoique cet ouvrage ait été fait à la hâte et construit d'une manière légère et peu solide, il faut rendre justice à l'auteur et reconnaître qu'il a mérité des éloges tant pour la belle ordonnance de la composition que pour la recherche et le bon goût de toutes les parties de son ensemble. La salle du Tribunat bâtie en 1801 a été démolie en 1827 pour la continuation des grands appartemens, après avoir servi pendant treize ans de chapelle au Palais. »

Mais Napoléon, devenu empereur, voyait d'un œil inquiet cet organe du pouvoir populaire, ce dernier asyle des libertés nationales ; il ne tarda pas à s'en débarrasser.

Dans la séance du 18 septembre 1807, sous la présidence de M. Fabre de l'Aude, MM. les conseillers d'État Pelet, Bérenger et Maret furent introduits pour faire une communication de la part du gouvernement. M. Bérenger prit la parole, et, après un discours étudié, il donna lecture du sénatus-consulte du 19 août 1807 et du décret impérial du 29 du même mois qui transféraient au corps législatif les attributions constitutionnelles du Tribunat. Après l'allocution respectueuse du président, M. Carrion de Nizas, tribun, proposa de voter une adresse à l'Empereur « pour frapper les peuples « de cette idée que le Tribunat a reçu l'acte du « Sénat sans regret pour ses fonctions, sans in- « quiétude pour la patrie; et que les sentimens « d'amour et de dévouement au monarque qui « ont animé le corps, vivront éternellement dans « chacun de ses membres. » Cette proposition fut unanimement adoptée ; le Tribunat ordonna l'impression de la motion, et arrêta qu'une commission, composée de MM. Fabre, président, Dacier et Delaitre, secrétaires, Carrion de Nizas, Perrié, Delpierre, Gillet et Fréville, serait chargée de la rédaction de l'adresse (1).

Après la dissolution du Tribunat, le Palais-Royal fut réuni au domaine extraordinaire de la Couronne, dont il a toujours fait partie jus-

(1) Galerie historique du Palais-Royal; tableau de M. Gassies.

qu'en 1814. Napoléon vint un jour le visiter à cinq heures du matin dans le mois d'août 1807 avec M. Fontaine, son architecte. L'apparition inattendue de M. Fabre de l'Aude, président du Tribunat, contraria le désir qu'il avait d'être seul: il termina sa visite au second salon, sans vouloir même aller jusqu'à la salle des séances, et il remporta les préventions défavorables qu'il avait contre le Palais-Royal, et que rien par la suite n'a pu détruire.

Cependant plusieurs projets furent présentés à Napoléon pour tirer parti de cet édifice et lui donner une destination quelconque. « Un de ces projets, dit M. Fontaine, consistait à y établir définitivement la Bourse et le Tribunal de commerce qui avaient été expulsés des Petits-Pères, lorsque cette église fut rendue au culte catholique. On les avait transportés provisoirement au Palais-Royal où ils occupaient le vestibule à colonnes de l'aile du milieu du rez-de-chaussée, sous la salle du Tribunat. Selon le projet dont nous parlons, la grande salle aurait occupé tout le premier de l'aile sur le jardin avec deux grands escaliers à ses extrémités. Le rez-de-chaussée aurait été distribué en portiques à jour et en boutiques de marchands. Les bureaux, le Tribunal et ses dépendances auraient rempli le reste du Palais-Royal. Mais ce projet ne reçut aucune exécution. On voulut ensuite en faire le chef-lieu de l'État-major de la place de Paris, pour y loger le gouverneur de la ville, puis encore en faire le palais des beaux-arts avec les écoles de peinture, de sculpture et d'architecture : rien de tout cela ne s'exécuta. Enfin on imagina d'y reporter une autre fois, mais isolément et au milieu de la grande cour, le théâtre de l'Opéra avec des salons et des appartemens qui auraient servi à donner des fêtes publiques, mais ce projet fut repoussé comme les autres. »

« Ce ne fut que lorsque, parvenu au sommet de sa puissance, Napoléon s'aperçut qu'il manquait de palais pour les rois qui venaient rendre hommage à sa gloire, qu'on lui proposa et qu'il parut agréer l'idée de comprendre le Palais-Royal dans le plan général de la réunion des palais du Louvre et des Tuileries, et de faire en sorte que par des arcs, des galeries et des colonnades, ces trois grands édifices réunis présentassent le plus vaste ensemble et la plus magnifique résidence de souverain qui eût été connue jusqu'à présent. Néanmoins il ne fut pas donné plus de suite à ce projet qu'aux précédens, et le Palais-Royal, qui n'avait été amélioré en rien par le séjour du Tribunat, resta tellement décrédité, après tant de dégradations, que dans les dernières années de l'empire on alla jusqu'à proposer de le mettre en vente pour en faire un objet de spéculation. » Mais cet édifice était destiné à reprendre bientôt son ancienne splendeur.

En 1814, un auguste exilé revient dans sa patrie, il se présente seul et sans se faire connaître au Palais-Royal. Le suisse, qui portait encore la livrée impériale, ne voulait point le laisser entrer; il insiste, il passe, il s'incline, il baise avec respect les marches du grand escalier..... C'était l'héritier des ducs d'Orléans qui rentrait dans le palais de ses pères.

CHAPITRE X.

Le Palais-Royal sous Louis-Philippe, duc d'Orléans.

1814 — 1ᵉʳ janvier 1830.

Après avoir quitté le Palais-Royal pour l'armée, et combattu pour sa patrie à Valmy, à Jemmapes et à Nerwinde, Louis-Philippe, duc d'Orléans, proscrit en France par ceux qui dressaient les échafauds en 1793, se vit réduit à chercher un asyle dans les pays étrangers où l'attendait un autre genre de proscription. Là, persécuté comme un partisan de la révolution dont il déplorait les excès, il erra long-temps de contrée en contrée, forcé de cacher un nom qui était devenu pour tous les partis un objet de crainte ou de jalousie. Nous regrettons que les bornes que nous nous sommes imposées ne nous permettent pas de rapporter ici les détails des nombreuses vicissitudes de sa vie errante, soit en Europe, soit en Amérique. Ce fut à Philadelphie, le 5 février 1797, qu'il fut rejoint par les deux princes ses frères, le duc de Montpensier et le comte de Beaujolais, dont il ne se sépara plus pendant dix ans jusqu'au moment où il eut le malheur de les perdre. Le duc de Montpensier (1) mourut, à Salt-Hill en Angleterre, le 18 mai 1807 (2). Le comte de Beaujo-

(1) Antoine-Philippe d'Orléans, né au Palais-Royal le 3 juillet 1775. Ce prince est enterré dans l'église de Westminster, à Londres.

(2) Voici l'épitaphe placée sur son tombeau par les soins du duc d'Orléans, son frère :

Princeps illustrissimus et serenissimus,

lais (1) était déjà attaqué de la poitrine lorsqu'il

> Antonius Philippus, dux de Montpensier,
> Regibus oriundus,
> Ducis Aurelianensis filius natu secundus,
> A tenerâ juventute
> In armis strenuus,
> In vinculis indomitus,
> In adversis rebus non fractus,
> In secundis non elatus,
> Artium liberalium cultor assiduus,
> Urbanus, jucundus, omnibus comis,
> Fratribus, propinquis, amicis, patriæ
> Nunquàm non deflendus.
> Utcumque fortunæ vicissitudines
> Expertus,
> Liberali tamen Anglorum hospitalitate
> Exceptus,
> Hoc demùm in regum asylo
> Requiescit.

> Natus III julii MDCCLXXV.
> Ob. XVIII maii MDCCCVII, ætat. XXX.
> In memoriam fratris dilectissimi
> Ludovicus Philippus, dux Aurelianensis,
> Hoc marmor posuit.

(1) Louis-Charles d'Orléans, né au Palais-Royal le 7 octobre 1779. Ce prince est enterré à Malte, dans l'église de Saint-Jean.

eut la douleur de voir périr son frère de cette maladie. Il sentit qu'il ne lui survivrait pas longtemps, et, assez indifférent sur sa mort prochaine, il ne consentit à céder à l'avis des médecins, qui avaient déclaré que le climat de l'Angleterre lui était pernicieux, que sur la promesse du duc d'Orléans de l'accompagner dans une autre région. L'état politique de l'Europe à cette époque ne permit de le conduire qu'à l'île de Malte. Son mal était mortel; il expira le 29 mai 1808 à l'âge de 28 ans.

Le duc d'Orléans, resté seul après des pertes aussi cruelles, eut, au bout de quelques mois, la consolation de se réunir à la princesse sa sœur (1);

---

(1) Eugène-Louise-Adélaïde d'Orléans, Mademoiselle d'Orléans, avait accompagné son frère dans son exil en Suisse en 1793. Ce prince la plaça d'abord avec madame de Genlis au couvent de Bremgarten. Il obtint ensuite, en 1794, de la princesse de Conty, sa tante, qui était à Fribourg, de la prendre avec elle; mais l'exaltation des opinions du temps

et, le 25 novembre 1809, il épousa à Palerme la princesse Aurélie, fille de Ferdinand IV, roi des Deux-Siciles (1). Cette réunion et cette heureuse

apporta à l'exécution de ce projet des entraves auxquelles il paraît que la princesse de Conty ne s'attendait point. Il en résulta que n'osant pas recevoir sa nièce chez elle, elle l'établit dans un couvent cloîtré de Fribourg (la Visitation), d'où elle ne sortait jamais. Forcée plus tard de quitter la Suisse, la princesse de Conty emmena avec elle Mademoiselle d'Orléans, qui la suivit en Hongrie, d'où elle alla rejoindre en 1802 la duchesse d'Orléans, sa mère, en Espagne. En décembre 1808, elle se réunit au duc d'Orléans, et en 1809 elle assista à Palerme au mariage de son frère. Depuis lors, cette princesse n'a point quitté le duc d'Orléans, qu'elle chérit et dont elle est tendrement aimée ; elle partage ses jours entre le Palais-Royal, Neuilly et son château de Randan.

(1) Marie-Amélie, fille de Ferdinand IV, roi des Deux-Siciles, et de Marie Caroline d'Autriche.

Sa famille se compose aujourd'hui de cinq princes et de trois princesses :

LL. AA. RR. les ducs de Chartres et de Nemours, le prince de Joinville, les ducs d'Aumale et de Montpensier ; les princesses Louise, Marie et Clémentine d'Orléans, (Mesdemoiselles de Chartres, de Valois et de Beaujolais).

alliance pouvaient seules cicatriser les plaies de son cœur.

Ce fut cinq ans après, et lorsqu'il était déjà père de trois enfans, qu'il apprit à Palerme par un vaisseau anglais, le 23 avril 1814, que les portes de la France, qui lui étaient fermées depuis si long-temps, lui étaient enfin ouvertes. Nommé colonel-général des hussards par le Roi Louis XVIII, il se hâta de revenir à Paris, parut aux Tuileries le 17 mai en uniforme de lieutenant-général français, et reprit le lendemain possession du Palais-Royal.

Cependant le duc d'Orléans ne put l'habiter immédiatement. Ce Palais était rempli de locataires, et dans un état de désordre, d'encombrement (1),

---

(1) On en avait fait un dépôt où se trouvaient entassés des objets d'ameublement, entre autres ceux commandés aux fabricans de Paris, qui manquaient d'ouvrage pendant la campagne de Prusse en 1807; et le duc d'Orléans avait été obligé, en arrivant, de se loger pendant quelques jours dans

et de dégradation difficile à décrire; mais le prince ne perdit pas un instant pour trouver les moyens de le rendre digne de sa destination. Il appela auprès de lui M. Fontaine, et, grace à l'habileté de ce célèbre architecte, le Palais-Royal fut bientôt mis en état de recevoir le duc d'Orléans et sa famille. « Mademoiselle, sœur du
« prince, fut logée dans l'aile droite de la pre-
« mière cour, sur la rue Saint-Honoré; Madame
« la duchesse d'Orléans, avec les princesses
« Louise et Marie, ses filles, habita le corps-de-
« logis en prolongation de l'aile droite jusqu'au
« jardin sur la grande cour. Le prince occupa
« l'appartement du premier, au fond de la cour
« d'entrée; le duc de Chartres en occupa l'aile
« gauche, et les personnes de leur suite logèrent
« dans les autres parties du Palais qui étaient

un hôtel garni, rue Grange-Batelière, jusqu'à ce que l'appartement que le Roi avait ordonné de lui préparer au Palais-Royal, fût prêt à le recevoir.

« restées libres. Le théâtre, la bourse, et les
« locataires envahissaient encore plus du quart
« de l'édifice. » Mais à peine ces premiers arrangemens étaient-ils terminés, à peine Madame la duchesse d'Orléans avait-elle donné le jour au duc de Nemours, qui naquit au Palais-Royal le 25 octobre 1814, que l'évasion de l'Ile d'Elbe, en 1815, vint de nouveau forcer le duc d'Orléans à quitter la France avec sa famille. Pendant son absence, Lucien Bonaparte habita le Palais-Royal : il se contenta de jouir des embellissemens que cette résidence venait de recevoir, sans se permettre d'y rien changer.

Après les *cent jours*, le duc d'Orléans, revenu dans ses foyers, s'occupa immédiatement de continuer ce qu'il avait commencé, autant que le lui permettaient les charges effrayantes qu'il devait soutenir avec des moyens disproportionnés. Ces charges consistaient dans les dettes dont la succession du prince son père était grevée. La liquidation en avait été commencée de son vivant, par les mandataires de ses créanciers et continuée par l'État après sa mort : mais, loin d'avoir été achevée, cette liquidation avait été interrompue, après avoir été conduite de telle manière que l'État y avait fait des bénéfices énormes, et que les gages des créanciers avaient disparu dans une proportion bien supérieure à celle des dettes qui avaient été liquidées (1).

(1) *Faits qui constatent que, pendant la confiscation des biens de feu monseigneur le duc d'Orléans (Louis-Philippe-Joseph), l'État a reçu au-delà de ce qu'il a payé.*

La suppression des droits féodaux, la privation des produits de son apanage, ayant réduit le feu prince à la perception de portions de revenus trop faibles pour subvenir au paiement des intérêts de ses dettes, il se vit contraint d'en entreprendre la liquidation par l'aliénation d'une partie considérable de ses biens.

En conséquence il conclut, le 9 janvier 1792, avec ses créanciers un concordat par lequel il fut convenu qu'ils feraient, sous le nom du prince, et au moyen de la procuration spéciale qu'il donnerait à cet effet et qu'il a donnée,

Le duc d'Orléans rentré en 1814 « dans la

la vente d'une masse de propriétés immobilières suffisante, dont le prix leur serait délégué par les contrats.

Ce concordat fut homologué par le tribunal de Paris le 27 du même mois.

Les ventes étaient déjà commencées avant sa conclusion authentique; elles furent, après cet acte, poursuivies avec la plus grande activité. Tous les contrats ou procès-verbaux d'adjudication portent délégation du prix en faveur des créanciers inscrits.

Ces dispositions, aux termes mêmes du concordat, avaient pour effet comme pour objet de libérer le prince jusqu'à concurrence du montant intégral des ventes faites par les créanciers.

Un procès-verbal, dressé le 21 floréal an III par des commissaires du gouvernement, et déposé aux archives du ministère des finances, constate qu'à l'époque de la confiscation, après la mort du prince, il restait à payer par les acquéreurs de ceux de ses biens vendus en exécution du concordat 35,934,221 fr.; cette somme a été en entier recouvrée par l'État. C'est donc avec le produit des ventes des biens du prince, et non avec les deniers publics, que ces 35,934,221 f. de ses dettes ont été payés par l'État aux créanciers du prince, et l'État n'a fait autre chose que payer d'un côté ce qu'il percevait de l'autre.

« possession des biens non vendus que le prince

C'est donc par erreur qu'il avait été avancé à la Chambre des députés que le gouvernement avait payé, à la décharge du feu prince, 43,345,000 fr. ; le fait est qu'il n'a payé à ce titre que 7,410,779 fr. ; les 35,934,221 fr. n'ont pas été payés à sa décharge; l'État qui était à ses droits et qui, aux termes de la loi, avait préalablement constaté la solvabilité de la succession, n'a fait ensuite que réaliser les délégations énoncées aux contrats de vente jusqu'à concurrence de 35,934,221 f.; ainsi ce n'est pas l'État qui a libéré le prince, il s'était libéré lui-même par les ventes qui avaient été faites en vertu de sa procuration, et antérieurement à la confiscation de ses biens.

Ici se présente une autre considération qu'il importe de ne pas perdre de vue: c'est que, quoique l'État ait perçu le prix des ventes, et l'ait payé aux créanciers, conformément aux délégations dont ils étaient nantis, ces ventes ayant été faites par les mandataires des créanciers du prince n'étaient pas des *ventes nationales*, et par conséquent les biens ainsi vendus ne rentrent point dans la catégorie de ceux pour la vente desquels la loi du 25 avril a accordé une indemnité. Il convient donc, pour apprécier les pertes ou les profits de l'État dans la succession de feu Mᵍʳ le duc d'Orléans, de commencer par déduire ces 35,934,221 fr. (dont la compensation vient d'être démontrée) du passif ci-dessus de 43,345,000 fr., ce qui le réduit à 7,410,779 fr., cette der-

« son père avait possédés à quelque titre que ce

nière somme serait réellement la seule qui eût été payée des deniers publics.

Le produit des ventes des biens de cette succession opérées par l'État pendant la confiscation s'est élevé au plus à la somme principale de neuf millions, d'après un état dressé sur les bordereaux existant dans les bureaux du ministère des finances, ci.......................... 9,000,000 »

Le passif étant de...................... 7,410,779 »

Évidemment le bénéfice de l'État serait encore de............................. 1,589,221 »
Car ce serait là le montant de l'indemnité de cette succession. Cependant l'État a un bénéfice bien autrement considérable. En effet, sans parler des ventes nationales des biens de l'apanage, et qui ont réduit de moitié sa valeur, il résulte du même procès-verbal du 20 floréal an III que l'actif de la succession de feu M⁼ le duc d'Orléans s'élevait à sa mort à............................. 114,839,979 »

Et le passif à...................... 74,665,949 »

Ainsi, en supposant que l'État eût payé la totalité de ce passif, il aurait encore un bénéfice net de....................... 40,174,030 »

Mais comme l'État n'a payé que......... 43,345,000 »

Il faut ajouter à son bénéfice la différence

« fût », avait recouvré deux sortes de biens :
(termes de l'ordonnance du Roi.)

1° Les biens patrimoniaux qu'il devait partager par portion égale avec la princesse sa sœur, cohéritière du feu prince ;

2° Les biens d'apanage qui n'appartenaient qu'à lui seul.

Les biens d'apanage, inaliénables par leur na-

de cette somme à celle de..................	74,665,949 »
Cette différence étant de.................	31,320,949 »
En l'ajoutant à celle ci-dessus de.........	40,174,030 »
On aura celle de.........................	71,494,979 »
De laquelle il est juste pourtant de déduire la valeur des biens restitués en 1814. Ces biens, vendus aux enchères judiciaires pour liquider la succession que LL. AA. RR. n'ont acceptée que sous bénéfice d'inventaire, n'ont produit que.......................	12,430,103 »
Qui, retranchés de la somme des bénéfices ci-dessus de 71,494,979 fr., laisseraient encore à l'État un bénéfice net de.........	59,064,876 »

ture, au moins pour le prince apanagiste, puisqu'ils étaient grevés envers l'État d'un droit de retour, qui interdisait même de les hypothéquer, n'avaient jamais été donnés comme gages d'aucune créance, et n'avaient pas pu l'être; les créanciers des princes prédécesseurs du duc d'Orléans n'avaient donc de droits à exercer que sur les biens patrimoniaux; et ces biens, par l'effet des diverses dilapidations dont nous avons parlé, se trouvaient réduits à une valeur bien inférieure à la moitié de la somme des dettes auxquelles ils devaient servir de gages. D'un autre côté, les biens d'apanage, tant par l'effet des changemens survenus dans la législation de l'État que par celui des mêmes dilapidations, se trouvaient réduits au-dessous de la moitié de ce que *Monsieur* (duc d'Orléans) frère de Louis XIV, avait reçu comme sa part de la succession du Roi son père, et pareillement au-dessous de la moitié de ce que l'État avait repris en 1791, lorsqu'une loi du temps avait opéré cette reprise.

Ainsi, le duc d'Orléans fut d'abord forcé, par la nature des choses, de n'accepter la succession du prince son père, quant aux biens patrimoniaux, que sous bénéfice d'inventaire, et de se déclarer, avec la princesse sa sœur, *héritier bénéficiaire*.

Il ne lui restait ensuite que deux partis à prendre :

1° Celui d'abandonner aux créanciers la masse des biens patrimoniaux de la succession, sans intervenir en aucune manière dans leur liquidation, et en se renfermant dans la jouissance des biens d'apanage sur lesquels les créanciers n'avaient point de droits à exercer.

2° Celui de se charger de la liquidation des dettes en désintéressant les créanciers, et en les payant tant avec les produits des biens patrimoniaux, qu'avec une partie des revenus de son apanage.

Plusieurs membres de son conseil, effrayés du poids de la liquidation, inclinaient pour le premier parti, mais l'opinion personnelle du duc d'Orléans fit adopter le second. Le succès a couronné ses efforts : le duc d'Orléans a obtenu la satisfaction de pouvoir se dire qu'il est parvenu à liquider la succession de son père, de manière à ne laisser subsister aucune dette, et à conserver à ses enfans les débris des biens patrimoniaux de leurs ancêtres que la tempête révolutionnaire avait épargnés.

C'était donc au milieu de cette liquidation qui a duré dix ans, et pour laquelle il a fallu tant de sacrifices et tant de persévérance, que le duc d'Orléans devait entreprendre la restauration de son Palais-Royal. Aussi, de plusieurs côtés lui donnait-on encore le conseil d'y renoncer, car l'état où se trouvait cet édifice était tel, qu'il fallait ou le restaurer, ou l'abandonner. Le duc d'Orléans pensa qu'en prenant, d'une part, des termes avec les créanciers de sa succession paternelle, et de l'autre en marchant systématiquement vers l'achèvement du Palais-Royal, et en n'entreprenant chaque année que la portion de travaux ou d'acquisitions qu'il pouvait solder, il parviendrait à mener à bien cette grande entreprise, et là aussi le succès a répondu à son attente.

« Le Palais-Royal tel qu'il fut rendu au duc
« d'Orléans en 1814, dit M. Fontaine, n'était
« plus qu'un squelette informe et mutilé. La
« Cour des Fontaines, le théâtre avec tous ses
« accessoires et une portion du Palais qui n'avait
« jamais été destinée à y être réunie, avaient été
« vendus par les mandataires, ainsi que tous les
« bâtimens de la Cour des Fontaines, la chan-
« cellerie, la trésorerie, et les maisons dépen-
« dantes du Palais sur la rue Saint-Honoré et

« sur la rue de Richelieu. Les deux maisons
« composées chacune de trois arcades situées à
« l'extrémité des deux ailes latérales sur le jardin
« du côté du palais, avaient été vendues par l'État,
« ainsi que l'hôtel de Châtillon dont nous avons
« parlé plus haut. Cependant ces deux maisons
« avaient été réservées à l'apanage par les lettres
« patentes de 1784, parce que leur possession
« était absolument nécessaire pour la construc-
« tion de l'aile à élever sur l'emplacement des
« galeries de bois. Le prix de l'une de ces mai-
« sons, celle sur la rue de Valois, que le feu
« prince Louis-Philippe-Joseph, duc d'Orléans,
« habita pendant les dernières années de sa vie,
« n'avait pas été payé à l'État par mademoi-
« selle Montansier, et l'administration des do-
« maines qui lui avait intenté un procès en évic-
« tion l'ayant gagné, la maison fut restituée au
« prince actuel dès 1814, et plus tard il a racheté
« celle sur la rue de Montpensier. »

Il était impossible d'achever le Palais-Royal sans sortir de l'espace auquel on l'avait réduit par toutes ces aliénations, et avant d'arrêter un plan général de restauration et d'achèvement, il fallait se procurer l'étendue nécessaire à son développement. Cette étendue ne pouvait se trouver que dans des acquisitions ou dans la reprise de possession des parties du Palais-Royal dont l'aliénation n'aurait pas été faite légalement. Le duc d'Orléans devait donc, avant tout, examiner si les ventes de portions de l'apanage faites par les mandataires en 1793, sans autorisation du prince son père, étaient ou non susceptibles d'être attaquées devant les tribunaux. Il paraît que, quelque temps avant 1814, Napoléon avait ordonné que cette question fût examinée. Quoi qu'il en soit, le conseil du prince, alors présidé par M. Henrion de Pansey, s'occupa à son tour de cet examen dont le résultat fut la conviction que les ventes étaient illégales, et devaient être annulées. En conséquence M. Julien, qui se trouvait subrogé aux droits des premiers adjudicataires (Gaillard et Dorfeuille) dans la possession du théâtre du Palais-Royal, fut assigné, et le procès commença dans les premiers jours de janvier 1818, devant le tribunal de première instance du département de la Seine. La question à décider était de savoir si ces ventes étaient ou non comprises dans la catégorie de celles que les lois subséquentes avaient couvertes de cette garantie solennelle qui rend les ventes nationales inattaquables pour quelque cause que ce soit. La cause fut plaidée par deux avocats célèbres. M. Dupin soutenait, pour le duc d'Orléans, que la vente d'un immeuble que le propriétaire n'avait pas le droit d'aliéner, faite de son vivant par l'abus d'une procuration particulière, donnée pour d'autres objets à des mandataires particuliers agissant, comme dans les ventes particulières, par le ministère d'un notaire interdit pour les ventes nationales, ne pouvait pas être classée parmi ces dernières; que les irrégularités et les nullités dont elle était entachée ne pouvaient pas être couvertes par la garantie que les lois accordaient aux ventes nationales ; que par conséquent elle devait être annulée. M. Tripier soutenait au contraire, pour M. Julien, que l'État ayant perçu le produit de la vente, lui avait par cela même imprimé le caractère de vente nationale ; et l'avait rendue inattaquable au même degré que si c'était l'État lui-même qui eût vendu.

Nous ne suivrons par ces habiles jurisconsultes dans tous les argumens qu'ils firent valoir pour la défense de leurs causes respectives. Il nous suffit d'avoir indiqué en quoi consistait le procès. Il donna lieu à beaucoup de mémoires, à des discussions très longues, très compliquées, et souvent assez animées. Le duc d'Orléans vit, par la tournure qu'elles avaient prise, que, quelque grande que fût l'erreur de considérer ce procès comme le prélude d'une attaque sur les ventes nationales, cependant cette erreur trouvait des partisans intéressés à la faire valoir. Dans cette position, le duc d'Orléans préférait terminer le procès à l'amiable avant qu'il ne fût jugé, et des offres d'ouvrir une négociation avec M. Julien lui ayant été faites, il s'empressa de les accepter. Le résultat de cette négociation fut une transaction sur procès par laquelle les droits du duc d'Orléans furent mis à couvert, et dont le prix et les frais s'élevèrent à plus de douze cent mille francs. Il rentra par là dans la possession du théâtre et de ses dépendances ; et le sacrifice fait par le prince a tourné au profit de l'État, puisque le théâtre est resté apanage, sauf, en cas d'extinction de la ligne masculine, l'indemnité que pourraient réclamer les princesses ou leurs descendans.

Le duc d'Orléans renonça dès lors à poursuivre l'annulation des ventes des bâtimens de la Cour des Fontaines vendus comme le théâtre par les mandataires; et la seule partie de ces bâtimens dont il ait repris possession, est la maison située dans l'angle et adossée à la rue des Bons-Enfans du côté du nord, que M. de Brossard possédait en vertu de l'acte fait par les mandataires le 30 juillet 1793. M. de Brossard offrit de la rendre, si on lui remboursait la créance pour laquelle il l'avait reçue; ce qui fut accepté par le prince.

« Ce fut alors, dit M. Fontaine, qu'on fit un
« plan général de restauration du Palais-Royal
« dont l'exécution est presque entièrement ter-
« minée aujourd'hui. On crut qu'il convenait
« que l'aile gauche du palais du côté de la place
« fût séparée des maisons adjacentes, comme

« l'aile droite l'était par la rue de Valois; et, le
« premier point arrêté fut qu'on acquerrait
« d'abord les maisons atténantes à l'aile gauche
« qu'il était nécessaire de démolir pour former
« cet isolement, et qu'on établirait à leur place
« une cour à laquelle le duc d'Orléans donna le
« nom de son second fils, le duc de Nemours. Il
« fut résolu que cette cour, ouverte du côté de la
« place, ne communiquerait avec la grande cour
« du côté du jardin que par une arcade prati-
« quée à travers le corps-de-logis qui les sépare.
« Mais il fallait encore trouver moyen de rem-
« placer la Cour des Fontaines par des dépen-
« dances qui pussent compenser cette perte
« toujours bien regrettable, malgré la faute
« qu'avait faite M. Louis de l'isoler entièrement
« du palais par l'établissement de la rue de Valois.
« Dans cette vue, on entreprit de réunir au palais
« toutes les maisons qui le bordent sur les rues
« Saint-Honoré et de Richelieu, en sorte que le

« palais pût devenir totalement isolé du côté des
« rues, comme il l'était du côté du jardin, con-
« formément au système de M. Louis, par la
« restitution des arcades du côté de la rue de
« Valois, et l'acquisition de celles du côté de la
« rue de Montpensier.

« Toutes les acquisitions nécessaires pour
« l'exécution de ce plan étant terminées, le réta-
« blissement du Palais-Royal, dont les disposi-
« tions générales avaient été arrêtées en 1817,
« devint moins problématique. On avait l'espace
« et les moyens d'isolement sans lesquels rien de
« convenable ne pouvait être entrepris; mais il
« a fallu de grands travaux, des démolitions et
« des constructions considérables pour agglo-
« mérer toutes ces maisons en une seule masse
« et y former entre la cour de Némours et la rue
« de Richelieu, le théâtre et la rue Saint-Honoré,
« une cour qui a été nommée la *Cour des Remi-*
« *ses*, parce qu'on est parvenu à y établir vingt

« voitures (1); tandis que les bâtimens qui l'en-
« tourent sont occupés d'un côté par les dépen-
« dances du Théâtre-Français, de l'autre par les
« bureaux de l'administration du prince et par
« les logemens d'un grand nombre des person-
« nes de sa maison. Il est digne de remarque que
« cette grande dépendance rattachée au Palais-
« Royal par des corridors intérieurs, est arran-
« gée de manière à ce que tous les étages com-
« muniquent entre eux, comme si elle avait été
« bâtie d'un seul jet.

« Cependant il y avait encore d'autres oppo-
« sitions à combattre. Si nous en présentions les
« détails, on serait étonné de voir ce qu'il a fallu
« de soins pour vaincre tant d'obstacles. Plu-
« sieurs, voulant se donner l'air de défendre
« des droits qui n'étaient pas attaqués, met-

(1) Quarante chevaux sont logés dans une autre partie du palais, et placés de telle manière qu'il n'en résulte pas d'inconvénient.

« talent, une sorte de vanité intéressée à con-
« tester obstinément avec un prince qui n'a ja-
« mais séparé la défense de ses droits et de ses
« intérêts du respect inviolable que l'on doit
« aux lois.

« Il fallait aussi mettre en harmonie les ou-
« vrages de plusieurs architectes qui s'étaient
« succédé sans s'entendre et sans jamais cher-
« cher à faire accorder ce qu'ils construisaient
« avec ce qui avait été construit avant eux; en
« sorte que la base de leurs projets paraissait
« avoir toujours été la destruction future de tout
« ce qui n'était pas leur ouvrage, et l'entière re-
« construction du Palais-Royal selon leurs nou-
« veaux plans.

« Le projet de M. Louis, exécuté en grande
« partie, était le plus raisonnable de tous ceux
« qui avaient été présentés; mais cet architecte
« avait fait trop peu d'attention à la partie bâtie
« avant lui par M. Moreau du côté de la place et

« de la rue Saint-Honoré. Il n'avait pas eu plus
« d'égards pour les ouvrages de Lemercier et
« de Contant, du côté du jardin; et, dans ses
« différentes compositions, il paraissait déter-
« miné à ne conserver que les vestibules et le
« grand escalier; car, selon son premier plan,
« n° 4, lorsqu'il divisait le palais en trois cours,
« ou, selon le second, n° 5, lorsqu'il n'en faisait
« plus que deux avec ou sans le théâtre, on re-
« connaît toujours que son but principal était
« d'entourer le jardin de constructions nouvelles,
« et de refaire le palais sans penser aux ancien-
« nes constructions. Il espérait sans doute que
« toutes les façades, et surtout celle du corps-
« de-logis principal, seraient changées conformé-
« ment à la décoration qu'il avait adoptée. La
« pensée qu'il avait eue de placer le grand
« appartement sur le jardin, et de faire de cette
« partie de l'édifice l'objet principal de son
« plan, n'a pas été approuvée.

« Il a été décidé par le duc d'Orléans actuel
« qu'au lieu d'un grand appartement, on for-
« merait au niveau du premier étage sur le jar-
« din une grande terrasse avec deux parties en
« retour sur les ailes, jusqu'au corps-de-logis
« principal ; qu'au rez-de-chaussée il y aurait
« une grande salle avec des portiques ou colon-
« nes, et deux rangs de boutiques de chaque
« côté, (c'est ce qu'on appelle aujourd'hui *la
« galerie d'Orléans*); que, pour terminer la façade
« principale sur la grande cour regardant le
« jardin, le pavillon ancien construit par
« M. Contant serait réuni au pavillon neuf que
« M. Louis n'avait pas achevé, par une con-
« struction du même ordre et de la même élé-
« vation, afin de former un centre et de don-
« ner de la grandeur à l'ensemble de l'édifice. »
Le rachat du théâtre avec ses dépendances
offrit les moyens de rendre au palais l'emplacement de la galerie dont les comédiens français

avaient fait leur foyer et leurs loges. Déjà restaurée en grande partie, cette galerie sera prolongée jusqu'à la rue Saint-Honoré. C'est là que le duc d'Orléans compte placer cette série de tableaux historiques destinés à reproduire les principaux événemens dont le Palais-Royal a été le théâtre.

« On a reporté dans le bâtiment *de la Cour des*
« *Remises* près le théâtre français et dans le bâti-
« ment adjacent sur la rue de Richelieu, les foyers,
« les magasins, les loges d'acteurs, et tout ce
« qui s'était étendu dans l'aile gauche et dans le
« corps principal du palais pendant la possession
« de M. Julien. Le théâtre ainsi dégagé, comme
« M. Louis l'avait d'abord projeté, devint un
« accessoire agréable, commode, et sans danger
« pour le corps de l'habitation.

« Mais on se souvient que Sageret l'avait en-
« tièrement déformé; il était dans un état déplo-
« rable lorsqu'en 1822, pour satisfaire aux condi-

« tions du nouveau bail passé avec les comédiens
« français, le prince ordonna la restauration de
« la salle. L'arrangement primitif des loges au
« pourtour de la salle était détruit; le plafond
« avait été tranché en plusieurs endroits pour
« placer plus bas une voûte en bois supportée
« par des colonnes en charpente qui étaient po-
« sées en bascule sur la voûte d'un vestibule au
« rez-de-chaussée ; enfin une décoration plus
« moderne remplaçait celle de M. Louis. On mit
« la main à l'œuvre, et en deux mois le travail
« fut achevé. Les colonnes des loges qui ca-
« chaient la scène ont été supprimées, et rem-
« placées par de légers supports en fer, afin de
« rétablir autant que possible le système primi-
« tif. On a cherché à rendre la division et l'ar-
« rangement des loges plus convenables ; les
« détails ont été améliorés, les peintures ont été
« renouvelées ; le public voit mieux de toutes
« parts, mais ce n'est plus la salle de M. Louis. »

En examinant ensuite la décoration et la disposition générale de la façade sur la rue Saint-Honoré, M. Fontaine a pensé que, pour obtenir de la régularité, il convenait de répéter dans la cour de Nemours, au premier, la décoration adoptée par M. Moreau, et au rez-de-chaussée le système de portiques en colonnes doriques introduit par M. Louis.

« Le rez-de-chaussée des parties qui n'entrent
« pas dans la décoration des façades principales,
« et qui ne sont pas nécessaires aux services
« particuliers de la maison, est occupé par des
« boutiques dont l'établissement et la forme,
« assez long-temps blâmés, sont regardés aujour-
« d'hui comme une conséquence naturelle de la
« disposition générale du jardin et du palais où
« l'on voit, pour la première fois, que la rési-
« dence d'un grand prince peut être en même
« temps le palais de l'industrie et des arts utiles,
« sans rien perdre de son agrément et de sa di-

« gnité. En effet, tout a été combiné de manière
« que les boutiques ont toutes des issues indé-
« pendantes des cours et du jardin, et qu'il y a
« séparation totale entre la partie du palais qui
« est habitée par le prince et celle qui est aban-
« donnée aux boutiques et aux marchands. Par
« suite de cette combinaison assez compliquée,
« le prince peut, quand il le juge à propos, faire
« fermer les grilles de ses cours, celles de son
« jardin et toutes les portes de son palais, sans
« causer la moindre gêne aux locataires, ni en-
« traver en rien la circulation du public dans les
« galeries et devant les boutiques.

« Il serait fastidieux d'entrer ici dans de plus
« longs détails et de chercher à décrire minu-
« tieusement toutes les subdivisions et toutes les
« particularités de ce grand édifice. Le plan que
« nous joignons à ceci, sous le n° 6, peut faire
« connaître en masse l'état des choses, et donner
« une idée des changemens qui ont été successi-

« vement effectués. Cependant il convient de
« parler ici des travaux auxquels l'incendie de
« 1827 a donné lieu, et des améliorations qui en
« sont résultées.

« La galerie du rez-de-chaussée derrière le
« théâtre, qui était encore peuplée de vieilles
« échoppes en planches, ayant été incendiée par
« la négligence d'une marchande de pantoufles,
« le 31 octobre 1827; les colonnes qui portaient
« les murs de face ayant été calcinées, ainsi que
« celles de la galerie à peine bâtie en avant dans
« la cour; les voûtes, les plafonds, ayant été for-
« tement endommagés, on a été obligé de re-
« construire en sous-œuvre des piliers et des
« arcs pour soutenir la voûte de la galerie qui a
« résisté aux flammes par l'effet de sa construc-
« tion en fer et en pots. Cette reconstruction,
« commandée par la nécessité, a donné les
« moyens de continuer, de ce côté de la cour, le
« système de boutiques établi sur les deux

« autres, et de rendre la circulation plus facile
« dans le portique qui conduit de la cour de
« Nemours aux galeries du jardin.

« Il suffit de jeter les yeux sur les différens
« plans du Palais-Royal pour reconnaître com-
« bien il a été difficile de parvenir à donner
« quelque régularité à cet amas de désordres et
« de constructions singulières, dont le moindre
« défaut était la dissemblance de toutes les par-
« ties subséquemment ajoutées les unes aux
« autres. On doit voir que, pour tirer parti d'un
« tel chaos, il était nécessaire, avant de rien com-
« mencer, de prendre une détermination fixe, de
« concevoir un plan définitif, et de s'y arrêter
« pour ne plus s'en écarter.

« Voilà ce que la sagesse et les lumières du
« prince ont su faire. Certes, si la grande entre-
« prise de la restauration du Palais-Royal, où tant
« d'intérêts divers ont dû être ménagés, a pu mé-
« riter quelques éloges, tous sont dus, comme

« nous l'avons déjà dit, au bon esprit, à la raison
« éclairée qui ont présidé à l'exécution de ce
« grand travail. Il fallait, après avoir choisi le parti
« à prendre, ne pas l'abandonner pour en cher-
« cher un autre ; il fallait se défier des égaremens
« auxquels on s'expose en renonçant au *bien* pour
« chercher le *mieux*, et ne jamais oublier qu'en
« architecture, rien n'est beau hors des règles
« dont l'utilité et le bon sens ont marqué les
« limites. C'est pour avoir méconnu ces principes
« qu'on a échoué dans beaucoup d'entreprises
« de la nature de celle-ci ; c'est en ne s'en
« écartant pas, c'est en les prenant toujours
« pour guides, qu'on est parvenu à terminer le
« Palais-Royal. »

Le grand bassin et deux parterres brillans de fleurs et de verdure, ont ajouté à l'élégance et à la fraîcheur du jardin ; et, si l'on consulte le plan n° 6 dressé par M. Fontaine (1), on verra que

(1) Pour que ce plan soit entièrement exécuté, il faut en-

les distributions extérieures du palais sont à la fois magnifiques et commodes. Mademoiselle d'Orléans habite l'aile droite à l'entrée du palais; l'appartement de madame la duchesse d'Orléans s'étend depuis le grand escalier ancien jusqu'au bout de l'aile du jardin sur la rue de Valois. L'appartement du Prince avec les salons de représentation, les galeries de tableaux (1) et la chapelle occupent le corps du logis principal jusqu'à la galerie du théâtre qui conduit vers son extrémité du côté de la rue de Montpensier, à l'appartement du duc de Nemours. Les jeunes princes habitent l'étage au-dessus des appartemens de représentation sur la grande cour, et les jeunes princesses sont

---

core 1° achever le péristyle Montpensier; 2° construire l'aile destinée à l'appartement du duc de Chartres, le pavillon Montpensier et la galerie du théâtre, jusqu'à la rue Saint-Honoré. Ces travaux seront terminés dans l'année 1831.

(1) Pièces justificatives, lettre E.

logées au-dessus de l'appartement de leur mère, dans le pavillon dit *de Valois*.

Ce grand et beau travail, malgré les dépenses énormes qu'il devait entraîner (1), malgré les difficultés de toute espèce dont il était hérissé, a marché avec une rapidité due à la persévérance du prince, autant qu'à l'heureux accord de son goût avec les talens de son architecte; et si à la somptuosité des bâtimens, on ajoute que l'intérieur est paré des plus riches produits des arts et de l'industrie nationale, c'est alors que re-

(1) C'est là qu'a été employée l'indemnité que le prince a reçue pour la succession de la princesse sa mère; car il n'est peut-être pas indigne de remarque que, malgré les énormes dilapidations de ses biens paternels, le texte de la loi n'ait point permis qu'il reçût une indemnité pour la succession du prince son père. Non seulement la totalité du produit de l'indemnité maternelle, qui représentait un héritage patrimonial, a été consacrée, pour le plus grand agrément de la capitale, à un monument reversible à l'état, mais les dépenses que le rétablissement du Palais-Royal a exigées, en ont de beaucoup dépassé la valeur.

portant avec raison sur le Palais-Royal les éloges que Corneille prodiguait par flatterie au Palais-Cardinal, tout le monde s'empresserait de reconnaître avec lui que cet édifice est devenu de nos jours, sous les auspices du duc d'Orléans, un de ces monumens que l'étranger admire, et que la France contemple avec orgueil.

PIÈCES JUSTIFICATIVES.

A.

MARIAGE DE PHILIPPE DE FRANCE, MONSIEUR, AVEC HENRIETTE ANNE D'ANGLETERRE.

Extrait des registres des actes de mariage de la paroisse Saint-Eustache, à Paris.

Le mercredi trentiesme jour de mars mil six cent soixante et un, dans la chapelle du château du Palais-Royal, situé dans nostre paroisse, furent faictes, par-devant monseigneur Daniel de Cosnaq, évesque et comte de Valence et de Die, de nostre consentement et en notre présence, les fiançailles de très hault et très puissant prince Philippes, fils de France, duc d'Orléans, frère unique du roy, de la paroisse de Sainct-Germain-de-l'Auxerrois, et de très haulte et très puissante princesse Henriette-Anne d'Angleterre, sœur unique du roy de la Grande-Bretagne, nostre paroissienne; et le lendemain trente-uniesme dudict mois, fut solennisé le mariage desdicts seigneur et dame, dans la chapelle dudict chasteau, par ledict seigneur Évesque, en notre présence et de nostredit consentement, soubs le bon plaisir du roy, de la reyne mère de sa majesté, et de mondict seigneur le duc d'Orléans; de la reyne régnante, de la reyne mère du roy de la Grande-Bretagne, et de madicte dame la princesse Henriette-Anne d'Angleterre; en présence aussy de mademoyselle, de mes damoiselles d'Orléans, de monsieur le prince, madame la princesse, monsieur le duc d'Enguien, et de plusieurs autres princes et princesses, seigneurs et dames de la cour : le tout avec dispense d'un ban non proclamé et du temps prohibé par l'église, en datte du vingt-huitiesme du présent mois et an, signée de Contes, vicaire-général; de monseigneur le cardinal de Retz, archevesque de Paris, Beaudoin, et scellée dudict sceau dudict archevesché, faisant lesdictes dispenses mention du bref de nostre sainct père le Pape, qui dispense les susdictes parties sur l'empeschement du second degré de consanguinité et autres.

Signé LOUIS, Anne-Marie-Thérèse, Philippe, Henriette-Anne, de Bauffremont, Antione (1), de Braudeau, et Daniel de Cosnac, E. et C. de Valence et Die.

(Expédition authentique de cet acte est aux archives du Palais-Royal.)

(1) Ce nom est presque illisible sur l'original.

B.

FÉVRIER 1692.

Lettres-patentes du roy, portant don par sa majesté à monsieur son frère unique, et à ses enfans mâles, du Palais-Royal, par augmentation d'apanage.

LOUIS, par la grace de Dieu, roi de France et de Navarre : à tous présens et à venir, salut.

L'affection singulière que nous avons pour notre cher et très aimé frère unique *Philippe, fils de France*, duc d'Orléans, de Chartres, de Valois et de Nemours, nous portant à lui en donner des marques continuelles, nous avons résolu de lui accorder et délaisser, sous le titre et nature d'apanage, la maison et hôtel du Palais-Cardinal et ses dépendances, situé en notre bonne ville de Paris, rue Saint-Honoré, donné au feu roi notre très honoré seigneur et père, par feu notre cousin le cardinal duc de Richelieu, afin que notredit frère et sa postérité masculine puissent y avoir un logement qui réponde à la grandeur de leur naissance. A ces causes et autres considérations à nous mouvans, nous avons donné, accordé, octroyé et délaissé, donnons, accordons, octroyons et délaissons par ces présentes, signées de notre main, à notredit frère et à ses enfans mâles descendans de lui en loyal mariage, ladite maison et hôtel du Palais-Cardinal, en toute son étendue et consistance, tant en bâtimens, cours, logemens, jardins, eaux pour les fontaines, qu'autres dépendances, la place devant ledit Palais-Cardinal, et généralement tout ce qui nous appartient en ladite maison et hôtel du Palais-Cardinal et dépendances, sans en rien réserver ni retenir, à l'exception des bâtimens qui nous servaient ci-devant de corps-de-garde, et de la partie de ladite place, qui se trouvent compris dans le grand dessin fait pour les bâtimens de notre château du Louvre : pour du tout jouir et disposer aux mêmes droits, autorités et priviléges que du surplus de sondit apanage, conformément à notre édit du mois de mars 1661, à commencer à entrer en jouissance du premier du présent mois de février, sans qu'il soit besoin de faire aucune évaluation ou visitation dudit Palais-Cardinal et de ses dépendances, dont, pour bonnes raisons et considérations, nous avons dispensé et dispensons notredit frère, imposant sur ce silence perpétuel à nos procureurs-généraux et autres nos officiers qu'il appartiendra; permettons à notredit frère, et en tant que besoin est ou serait, l'autorisons par ces présentes de faire en ladite maison et Palais-Cardinal telles augmentations, améliorations ou décorations que bon lui semblera; du prix desquelles, en cas de réversion, les héritiers de notredit frère seront remboursés par nous, ou par nos successeurs rois : voulons et nous plaît que nos officiers et autres personnes qui ont en leur possession les titres, papiers et enseignemens de ladite maison et Palais-Cardinal et ses dépendances, les remettent incessamment dans les mains du procureur-général de notredit frère, à quoi ils seront contraints par toutes voyes. *Si donnons en mandement* à nos amés et féaux conseillers, les gens tenant nos cours de parlement, chambre des comptes et cour des aydes à Paris, présidens et trésoriers de France au bureau de nos finances audit lieu, et à tous autres nos justiciers et officiers qu'il appartiendra, chacun en droit soi, que ces présentes ils fassent lire, publier et registrer, et du contenu en icelles jouir et user notredit frère, ses enfans et descendans mâles, pleinement et paisiblement, sans leur donner aucun trouble ni empêchement : car tel est notre plaisir; et afin que ce soit chose ferme et stable à toujours, nous avons fait mettre notre scel à cesdites présentes, données à Versailles, au mois de février l'an de grace mil six cent quatre-vingt-douze, et de notre règne le quarante-neuvième.

Signé LOUIS.

Et sur le repli : Par le Roi, Philypeaux.

Visa.—*Signé* Boucherat.

Et scellé du grand sceau de cire verte, en lacs de soie rouge et verte.

Registrées, ouï le procureur-général du Roi, pour jouir par Monsieur, ses enfans mâles et descendans de lui en loyal mariago, de leur effet et contenu, et être exécutées selon leur forme et teneur, suivant l'arrêt de ce jour.

A Paris, en parlement, le treize mars mil six cent quatre-vingt-treize.

Signé Du Tillet.

D.

Le duc d'Orléans, Régent, qui avait le goût des beaux-arts, et qui lui-même dessinait avec grace, avait formé cette collection célèbre, qui est malheureusement dispersée et perdue pour la France. Elle était très considérable, et composée de tableaux de toutes les écoles. Il serait donc beaucoup trop long d'en présenter le catalogue, qui est à peu près le seul souvenir qui en reste au Palais-Royal. Un ouvrage intitulé *Galerie du Palais-Royal*, où ces travaux étaient gravés successivement, avait été commencé quelque temps avant la révolution, par Coucher : interrompu par les événemens, il est resté incomplet.

Le Régent avait commencé sa collection en achetant celle que Christine, reine de Suède, avait formée en Italie. Piganiol de La Force raconte (tome II, page 329) que plusieurs des tableaux du Corrège, qui faisaient partie de cette collection, avaient servi de paravents dans une écurie du palais de Stockholm, jusqu'à ce que Sébastien Bourdon, l'élève du Poussin, que la reine Christine avait attiré en Suède, crut apercevoir des compositions remarquables à travers la fange dont ces paravents étaient couverts. Il eut la curiosité et la patience de les nettoyer, et il fut bien payé de l'une et de l'autre, quand il reconnut que c'étaient des chefs-d'œuvre. En effet, ces tableaux étaient *la Danaé* (devenue si célèbre), *l'Amour qui tend son arc*, *l'Éducation de l'Amour*, *la Léda*, *l'Enlèvement d'Io*, un *Noli me tangere*, une *Sainte Famille*, *le Portrait de César Borgia, duc de Valentinois*, et enfin ce mulet, dit *le Mulet du Corrège*, qu'il avait fait pour l'enseigne d'un cabaret où il n'avait pas de quoi payer son écot.

On remarquait encore dans l'ancienne collection du Palais-Royal *la Descente de Croix*, d'Annibal Carrache, qui est connue en Angleterre sous le nom des *Trois Maries*, et qui passe pour être le plus beau tableau qu'il ait fait; *les Sept Sacremens, du Poussin, le Frappement du Rocher*, et *la Naissance de Bacchus*, du même maître, ainsi que plusieurs autres de ses tableaux; beaucoup de tableaux de Raphaël (1), du Guide, du Dominiquin, de Paul Véronèse, du Titien, du Tintoret, du Guerchin, de Pietro de Cortone, de l'Albane, de Jules Romain, de l'Espagnolet, et enfin de Rubens, de Van-Dyck, de Lesueur et de Lebrun, sans parler des Téniers, des Ostades, des Wouvermans, des Claude Lorrains, et autres peintres flamands et allemands.

(1) De ce nombre était une Sainte-Famille qui était échue à deux sœurs; elles voulurent en conserver chacune une moitié, et comme le tableau était peint sur bois, elles le firent scier en deux parties égales : d'un côté se trouvait saint Joseph, de l'autre la Vierge, avec la moitié du corps de l'enfant Jésus. Lorsque le régent en eut acheté une moitié, il eut beaucoup de peine à se procurer la seconde; cependant on finit par la retrouver, et ce prince la fit rejoindre très adroitement à la première. Ce beau tableau est en Angleterre, chez M. le marquis de Stafford, qui possède aujourd'hui la plus grande partie de cette magnifique collection.

E.

GALERIE

DES TABLEAUX MODERNES DU PALAIS-ROYAL EN 1830 (1).

Abel de Pujol.

Jules-César se rendant au Sénat le jour où il fut assassiné.

Alaux.

Cadmus combattant le dragon.

Une jeune Paysanne romaine se faisant tirer la bonne aventure par une sorcière.

(1) Indépendamment de ces tableaux, il existe, tant au Palais-Royal qu'au château d'Eu, une magnifique collection de portraits.

BALTARD.

Grand paysage d'imagination, sur le devant duquel est représenté Méléagre qui vient d'être tué par un sanglier.

(La figure de Méléagre est peinte par M. le baron Gérard.)

BEHAEGHEL.

Un Prêtre délivrant un extrait baptistaire dans l'église de Saint-Merry, à Paris.

BELMONT (Mlle SARRAZIN DE).

Paysage, clair de lune. Servilien, rappelé dans sa patrie après un long exil, vient déposer les restes de sa femme Fulvie dans le tombeau de ses ancêtres.

BERRÉ (B.)

Une Panthère et ses petits.

Une Lionne et ses petits.

BERTIN.

Vue du pavillon et de la grille du Ponceau, prise dans le parc de Neuilly. On voit dans le lointain le pont de Neuilly et le mont Valérien.

BIDAULD.

Vue de San Germano, dans le royaume de Naples.

Vue de la cataracte de Niagara, en Amérique.

Vue du petit bras de la Seine à l'entrée du parc de Neuilly.

BLONDEL.

Philippe-Auguste avant la bataille de Bouvines, en 1214.

La Visitation de la Vierge.
(Ce tableau est dans la chapelle du château de Neuilly.)

BOILLY.

Le Marchand de tisane.

Intérieur d'un café.

BONNARD.

Entrée de l'ancien Palais de la république de Florence.

BONNEFONDS.

Une jeune pèlerine romaine secourue par des religieux de l'ordre de la Merci, près de Grotta-Ferrata.

BOUHOT.

Vue extérieure du Jardin de la maison de Beaumarchais, à Paris.

BOUHOT.

Intérieur d'une Cour de roulage dans la rue Saint-Denis, à Paris.

Le grand Escalier du Palais-Royal, tel qu'il était en 1818.

BOUTON.

Intérieur de la Chapelle du Calvaire, dans l'église de Saint-Roch, à Paris.

Intérieur de la Sacristie de l'abbaye de Saint-Vandrille, en Normandie.

Vue perspective de l'Escalier qui conduit à la fontaine ou piscine de Siloé, près de Jérusalem, où Jésus-Christ envoya l'aveugle-né.

BRUANDET.

Paysage de composition.

Burtel.

Vue du Château d'Eu.

Canella.

Quatre Vues de Paris. (Dans un seul cadre.)

Catel.

Vue prise de la promenade de la Marine, à Palerme, devant le Jardin de Flore.

Clérian.

Intérieur d'Église, avec des Capucins.

Cobianco.

Vue de la Baie de Palerme en 1813.

Couder.

Mort de Masaccio, peintre florentin, empoisonné en 1443.

Le duc d'Orléans donnant une leçon de géographie dans le collége de Reichenau, en 1793.

La Victoire de Marathon annoncée dans Athènes par un soldat qui, épuisé de fatigue, tombe aux pieds des Archontes, et expire en s'écriant : *Nous sommes vainqueurs.*

Court.

La Mort d'Hippolyte.

Crépin.

Le duc d'Orléans au cap Nord, le 24 août 1795.

CRÉPIN.

Sauvetage de la gabarre l'Alouette, sur la côte d'Afrique, en 1797.

Vue de la façade du château de Neuilly, du côté de la cour.

DANIELL (WILLIAM).

Vue du Château de Windsor, prise du haut de la longue allée. (The long walk.)

Vue de l'Ile et des Ponts de Villiers, dans le parc de Neuilly.

DEBRET.

Saint Charles Boromée.
(Ce tableau est dans la chapelle du château d'Eu.)

DECAISNE.

Le Mari malade.

Delaroche (Paul).

Une Descente de Croix.
(Ce tableau est dans la chapelle du Palais-Royal.)

Drolling.

Intérieur d'une cour et de l'escalier de Drolling près la rue du Bac. (Ancien couvent de la Visitation.)

Marchande de pommes tombée sur la neige.

Ducis.

Madame de la Vallière et madame de Thémines dans le cloître du couvent de la Visitation, à Chaillot.

Duclaux.

Chaise de poste arrêtée par des voleurs, à la pointe du jour.

Duvidal (Mlle).

Un petit Bacchus.

Fielding (Newton).

Paysage avec des daims.

Fontaine.

Vue de l'Arc de Titus, à Rome.
(Ce tableau a été donné à Monseigneur le duc d'Orléans par M. Fontaine, son architecte.)

Garnerey (L.)

Vue de l'Ile d'Or, à la Chine.

Gassies.

Intérieur de l'Église de Saint-Pierre, près de Calais.

Intérieur de l'Église Saint-Nicolas, à Boulogne.

GENOD.

Une Cuisinière apprêtant des légumes.

GÉRARD.

Les Trois Ages de l'Homme.

Daphnis devant la porte de Chloé.

GÉRARD (L. A.).

Vue du Pont de Neuilly.

GÉRICAULT.

Officier des Chasseurs à cheval de la Garde impériale.

Cuirassier blessé conduisant son cheval.

GÉRICAULT.

Un Cheval blanc dans une écurie.

Un Cheval noir sortant de l'écurie.

Une Fileuse et ses Enfans.

Un Grec dans une batterie au bord de la mer.

Un Mameluck.

GILBERT.

Navires courant devant le vent.

Combat de la Frégate française la *Pomone* contre les Frégates anglaises l'*Alceste* et l'*Active*.

Girodet-Trioson.

Portrait du Katchef-Dahouth, venu d'Égypte avec l'armée française.

Tête colossale de Tydée.

Tête d'un jeune Turc.

Tête d'Atala.

Granet.

Lavement de pieds d'un capucin.

Saint Paul, prisonnier, prêchant dans les souterrains du théâtre de Marcellus, à Rome.

Vue intérieure de la Villa-Mécène, à Tivoli.

Mort de Jacone, peintre siennois, en 1553.

GRANET.

La Mort de saint Antoine.

Intérieur d'une Cuisine italienne.

La Bénédiction des maisons à Rome.

Bernardo Strozzi faisant le portrait du Général des Capucins.

Madame de la Vallière au couvent des Carmelites.

GROS.

David dissipant la mélancolie de Saül par l'harmonie de sa harpe.

GUDIN (THÉODORE).

Marine.

Gudin.

Vue de Grenoble.

Moulin à vent près de Mariakerk.

Grande Marine, l'*América*.

Un gros temps.

Vue des Échelles de Savoie.

Vue des environs de Dieppe (le Coup de vent).

Vue du Mont Saint-Michel.

Guérard.

Vue des Environs de Grenoble.

Vue du Château de Neuilly.

HERSENT.

Gustave Wasa à la Diète de Suède, en 1560.

HUE.

Grand Clair de lune; Scène de naufrage.

ISABEY (EUGÈNE).

Marine: des Pêcheurs débarquant du poisson sur la plage.

Marine.

JOANNIS.

Vue de la Pelouse et des Saules devant la façade du château de Neuilly.

LANGLOIS.

Combat de Bénouth en Égypte entre les Mékains et les Français commandés par le général Béliard, en 1799.

Laurent (J. A.).

Jeune Page se parant de vieilles armures.

Cendrillon, revenue du bal, et endormie sous la cheminée.

Lecomte (Hippolyte).

Vue de la Façade du château de Neuilly du côté du nord.

Lemasle.

Intérieur de la Chapelle Minutolo, dans la cathédrale de Naples.

Leprince (Léopold).

Vue du Cours du petit bras de la Seine à travers le parc de Neuilly, tel qu'il était en 1819.

Leprince (Léopold).

L'Abri champêtre.

Leprince (Xavier).

Intérieur de son atelier.

Lescot (Mlle).

Foire de la Grotta Ferrata, dans l'État-Romain.

Malbranche.

Paysage, effet de neige.

Escalier du Vatican.

Mauzaisse.

Laurent de Médicis entouré de sa famille et des hommes célèbres de son temps.

MICHALLON.

Vue des Ruines du théâtre de Taormina et du mont Etna.

Vue du Port du Bac, sur le petit bras de la Seine, dans le parc de Neuilly.

Vue de Grotta Ferrata, dans l'État-Romain.

Vue d'une partie du Palais de la reine Jeanne, à Naples.

Vue de Subbiaco, dans l'État-Romain, et des Montagnes qui l'entourent.

Vue des Glaciers de Grindelwald, dans le canton de Berne.

Vue d'une Cascade en Auvergne.

MICHALLON.

Vue prise en Auvergne d'une rivière coulant sous des arbres au pied d'un rocher.

Mazzocchi, brigand de l'État-Romain, peint d'après nature, dans les prisons de Rome.

L'Ermite de l'île d'Ischia, près de Naples.

Un Musulman armé d'un sabre et de deux pistolets.

Paysanne romaine.

Paysanne romaine filant au fuseau.

Paysanne romaine.

Étude faite dans la forêt de Fontainebleau.

Paysage qui conduit à *San Pietro in vincoli*.

Michallon.

Vue de Naples prise du tombeau de Virgile.

Vue du Château et des restes de la ville d'Ostie.

Ruines du Temple de Vénus, au bord du golfe de Misène.

Vue de la Cascade de Terni, dans les États-Romains.

Vue de la Ville et du Golfe de Salerne.

Mongin.

Bataille de Valmy, 1792.

Monthélier.

Intérieur de l'Atelier de peinture de Henri Truchot.

Monvoisin.

Mentor enlevant Télémaque à Eucharis.

Jeune Pâtre romain endormi.

Paysanne romaine avec un chevreau.

Mozin.

Marine.

O'Connor.

Deux Vues prises aux environs de Bruxelles.

Vue prise dans le mont Oriel, en Irlande.

O'Connor.

Deux Vues des environs de Hampstead, près de Londres.

OMEGANCK.

Un Mouton broutant les feuilles d'un roseau.

Deux Bœufs dans un pré au bord de l'eau.

PALLIÈRE (LÉON).

Prométhée déchiré par un Vautour.

PICOT.

L'Amour et Psyché.

REGNIER.

Vue de l'Étang et des Ruines du Château de Pierrefonds.

REGNIER.

Vue de l'Entrée de la Cavée, dans le parc de Saint-Leu.

Vue du Cours des deux bras de la Seine, dans le parc de Neuilly, tel qu'il était en 1819.

Paysage, vue d'Écosse.

Renoux.

Ruines des Casemates du château Gaillard.

Robert (Léopold).

Pêcheur napolitain improvisant sur les bords de la mer.

Roehn (A.).

Vue du petit Bras de la Seine sortant du parc de Neuilly, du côté d'Asnières.

Roger.

Un Enterrement de village.

Ronmy.

Vue prise à Genesano, près du lac de Nemi, dans l'État-Romain.

Le Collége de Reichenau dans le pays des Grisons.

Ronmy.

Le duc d'Orléans dans un camp de Lapons, en 1795.

Vue du Château de l'OEuf, à Naples, d'après le comte Turpin de Crissé.

Vue de la Façade et de la Terrasse du château de Neuilly, du côté de la rivière.

Laban cherchant ses idoles.

Roqueplan.

Marine.

Sablet.

Un Grec en grand costume.

Scheffer (A.)

Des Femmes grecques invoquant une Image de la Vierge.

Schnetz.

Bataille de Valmy, 1792.

Un Pasteur des États-Romains.

Maria Grazia, Femme d'un Brigand des États-Romains.

Senave.

La Chambre d'un Cordonnier.

Smargiassi.

Vue du Port de Castellamare dans le Golfe de Naples.

Vue du Vésuve, prise du haut de la Colline de Quizisana.

Steuben.

Guillaume-Tell s'élançant hors du bateau de Gessler, sur le lac des Quatre-Cantons.

Le Serment des trois Suisses au Grütli, 1er janvier 1308. — *Walter Fürst, d'Uri; Werner Stauffacher, de Schwitz; Arnold Melchthal, d'Unterwalden.*

STORELLI.

Paysage représentant une Chute d'Eau.

Vue du Pont de Neuilly et du Cours du grand Bras de la Seine.

SWEBACK.

Scène de Chasse.

La Malle-Poste en route.

TAUNAY.

Combat de Cavaliers contre des Fantassins.

THIERRIAT (AUGUSTIN).

Intérieur du Cloître de l'abbaye Saint-André-le-Bas, à Vienne (Isère).

Truchot (Henri).

Intérieur du Couvent des Petits-Augustins, à Paris.

Intérieur de l'Église de Louviers.

Vue intérieure du Vestibule et du Grand Escalier du Palais-Royal, en 1820.

Truchot (Henri).

Convoi d'Isabeau de Bavière.

Intérieur d'une Salle mauresque.

Turpin de Crissé (le comte).

Vue de la Ville d'Alexandrie et de la Colonne de Pompée.

Halte de Voyageurs orientaux sur les Ruines de Palmyre.

Vue du Parthénon, à Athènes.

Turpin de Crissé (le comte).

Vue du Temple d'Antonin et Faustine, et d'une partie de Campo-Vaccino, à Rome.

Vue du Château de l'OEuf, à Naples.

Vallin.

Paysage : une Femme, frappée par la foudre, est renversée de son cheval.

Vue du Pavillon de *Mademoiselle* dans le Château de Neuilly du côté du grand parc.

Van-Os.

Deux tableaux de Fleurs et de Fruits.

Van-Spaendonck (Gérard).

Un tableau de Fleurs.

Verboekhoven (E. J.).

Bœufs dans une prairie de Hollande.

Vaches dans une prairie de Hollande.

Verboekhoven (Louis).

Vue des Environs de Blakenberg.

Vernet (Horace).

Embuscade espagnole pour surprendre un Convoi français.

Combat d'avant-poste entre des Français et des Espagnols.

Le duc d'Orléans passant la revue du 1er régiment des hussards (1815).

Souvenir de Vendôme (23 juin 1791).

VERNET (HORACE).

Le duc d'Orléans à l'Hospice du mont Saint-Gothard, le 29 août 1793.

Le Grenadier de Waterloo.

Étable à Vaches, à Sèvres.

Combat de Corsaires, au lever du soleil.

Prêtresse druide improvisant aux sons de sa harpe.

Ismayl et Maryam.

La Folle par amour.

Bataille de Jemmapes, 1792.

Mort du prince Poniatowski à la bataille de Leipsik, 1813.

VERNET (HORACE).

Bataille de Montmirail, 1814.

Napoléon à Charleroi, 1815.

Bataille de Hanau, 1813.

Allan M'Aulay portant la tête d'Hector, chef des Enfans du brouillard.

Bataille de Valmy, 1792.

VIGNERON.

Les Apprêts d'un Mariage, 1817.

Une Femme exposant son Enfant à la porte de l'hôpital des Enfans-Trouvés.

WATELET.

Deux Paysages de composition.

Watelet.

Vue du Cours du petit Bras de la Seine, dans le parc de Neuilly.

———◆———

F.

Sommaire de la division du travail affecté à chaque année pour la restauration du Palais-Royal.

ANNÉES 1814, 1815, 1816.

Le rétablissement et la mise en état d'habitation de l'aile droite de la première et de la seconde cour du palais et de tout le bâtiment en prolongation de ce côté, jusques et compris la maison des trois arcades sur le jardin. La construction du bassin au milieu du jardin, et le rétablissement des conduits, égouts et aqueducs.

ANNÉE 1817.

Le rétablissement des appartemens de l'aile gauche de la première cour avec les parties qui en dépendent.

ANNÉE 1818.

La démolition des maisons acquises n°ˢ 204, 206, 206 bis et 208, et la construction des fondations de la colonnade et du portique de la galerie de Nemours.

ANNÉE 1819.

La continuation des constructions du portique et de l'arcade de la galerie de Nemours, du côté de l'aile gauche de la première cour du palais, jusqu'au premier étage.

ANNÉE 1820.

La décoration et la mise en état des divers appartemens restaurés.

ANNÉE 1821.

La construction et le rétablissement des maisons dépendantes du palais dans la cour des remises et sur le jardin, arcades 1, 2 et 3.

ANNÉE 1822.

Le rétablissement du théâtre.

ANNÉE 1823.

La translation des dépendances du théâtre dans les bâtimens de la cour des remises.

ANNÉE 1824.

La distribution et la mise en état des intérieurs pour

les services du palais. Entourage en fer des parterres du jardin.

ANNÉE 1825.

L'achèvement des constructions de la galerie de Nemours, la démolition de la salle du Tribunat.

ANNÉE 1826.

La construction de la Chapelle et de l'aile du milieu, y compris les caves sous cette aile et sous l'office.

ANNÉE 1827.

La construction du pavillon dit *de Valois*, de la colonnade sur la grande cour en avant de cette aile, et des caves dans toute la longueur de cette même partie.

ANNÉE 1828.

La construction de la moitié de la galerie d'Orléans sur l'emplacement des baraques de bois; l'arrangement du péristyle de Valois, et la construction de la maison rue Saint-Honoré, n° 216, qui fait partie de la cour des remises.

ANNÉE 1829.

L'achèvement des constructions de la galerie d'Orléans et du péristyle de Montpensier.

ANNÉE 1830.

La construction de l'aile formant l'appartement du duc de Chartres et le pavillon de Montpensier.

ANNÉE 1831.

L'achèvement du pavillon de Montpensier et de la galerie du théâtre jusqu'à la rue Saint-Honoré.

G.

MIRAME,

TRAGI-COMÉDIE

ATTRIBUÉE AU CARDINAL DE RICHELIEU.

Nous avons parlé au commencement de cet ouvrage de la tragi-comédie de Mirame. Ce fut la première pièce représentée au théâtre du Palais-Cardinal. Desmaretz, un des premiers membres de l'Académie française, la prit sous son nom, et signa la dédicace qui en fut faite au roi Louis XIII, en ces termes :

« Mirame, que je présente avec respect à Votre Ma-
« jesté, n'a servi que d'un essai avant de chanter ses
« louanges, et si mon travail a été suivi de quelque heu-
« reux succès en un sujet inventé, elle jugera, s'il lui
« plaît, de ce que je pourrai faire en parlant de ses

« exploits véritables. Bien que l'usage des triomphes
« publics semble être aboli par toute la terre, la France
« a maintenant un lieu où j'espère que Votre Majesté
« triomphera souvent par les vers et les beaux specta-
« cles que votre grand ministre y fera faire pour célé-
« brer vos conquêtes. »

Cependant on attribua cette pièce au cardinal de Richelieu, qui, ne voulant rester étranger à aucun genre de gloire, aimait à s'en laisser croire l'auteur : il en récitait avec complaisance les vers qui semblaient s'accorder le plus avec ses idées ou ses maximes politiques, tels que ceux qui suivent :

« L'honneur seul est la vie et le salut des rois :
La sagesse est leur gloire, et souvent l'imprudence
Les prive en un instant des fruits de leur vaillance;
Plus un prince est hardi, plus on le voit heureux.
. . . .
Savoir dissimuler est le savoir des rois. »

On pourrait donc dire que le *ministre dictait, et que le poète écrivait*.

Les scènes que nous allons citer donneront une idée du goût et de la littérature du temps :

ACTE II.

SCÈNE IV.

ARIMANT, MIRAME, ALMIRE, ANTÉNOR.

ARIMANT.

Mon astre dans la nuit éclaire en ce bocage.
Eh! dieux! en cet abord, que j'ai peu de courage!
Est-ce vous, ô beauté, reine de mes désirs.

ALMIRE.

Quoi! tous vos entretiens se passent en soupirs!

ARIMANT.

Adorable beauté! Je sens mon âme atteinte
De transports, de respects, de désirs et de crainte;
Vous causez mon silence, et lorsque je vous vois,
Pour être tout en vous, je suis tout hors de moi.
Devant l'aimable objet des beautés que j'admire,

Ayant trop à penser, je ne sais que vous dire;
Suppléez, ma princesse, au défaut de ma voix;
Vous êtes dans mon cœur, vous y donnez des lois;
La peine que j'y sens vous est assez cognue,
Ma pensée à vos yeux s'y trouve toute nue :
Ou, si vous ne pouvez y voir mon sentiment,
Souffrez que devant vous je l'ouvre hardiment,
Et que, l'ayant ouvert, je vous y fasse lire
Ce que dans mon transport je ne saurais vous dire.

MIRAME.

Levez-vous, Arimant.

ARIMANT.

Souffrez-moi.

MIRAME.

Je ne puis.

ARIMANT.

Je vous adore mieux en l'état où je suis;
Ainsi que mon amour, mon respect me l'ordonne.

MIRAME.

Quoi? prince, voulez-vous que je vous abandonne?
Voulez-vous me déplaire et ne m'obéir pas?

ARIMANT.

Admirable princesse, ah! plutôt le trépas :
Donc, je vous obéis.

MIRAME.

    Quelle cause soudaine
Avec tant de vaisseaux à nos bords vous amène?

ARIMANT.

C'est pour vous apporter en triomphe mon cœur :
Pour faire que du roi mon amour soit vainqueur :
Vous avoir de son gré, sinon à force ouverte.
Enfin, je viens chercher mon bonheur ou ma perte,
Ou mourir à vos yeux, ou bien vous enlever
Si la force d'amour vous porte à l'approuver.

MIRAME.

Prince, vous m'obligez et m'offensez ensemble,
Je veux bien votre cœur, et qu'hymen nous assemble,
Quoi que tout l'univers puisse penser de moi;
Mais m'enlever par force à mon père, à mon roi,
C'est chose injurieuse à mon père, à moi-même ;
Mon cœur aime l'honneur, tout autant qu'il vous aime.

ARIMANT.

Encore que des rois soient auteurs de mon sang,

Tout mon espoir s'éteint, pensant à votre rang.
Mais, par mon seul amour, mon espoir ressuscite,
Car l'excès en amour fait l'excès du mérite.
Un père ne veut pas que je sois votre époux,
Mais amour, qui le veut, est le père de tous.
La violence est propre au dieu qui nous anime,
Et porte en même temps l'excuse avec le crime.
Ses feux sentis de tous, sont de tous approuvés ;
Dans un fleuve de biens ses crimes sont lavés.

MIRAME.

Mon cœur vous suit partout, esclave volontaire,
Et me vouloir ravir, c'est me vouloir déplaire.

ARIMANT.

Dieux ! que ferai-je donc en l'état où je suis ?
Mourrai-je loin de vous, outré de mille ennuis ?
Par la force d'amour, ni par celle des armes,
Ne puis-je, malheureux, conquérir tant de charmes ?
Mirame avec le roi s'oppose à mes amours ;
L'un refuse sa fille, et l'autre son secours.
Consentez pour le moins que je porte la guerre
A cette bienheureuse et malheureuse terre,
Heureuse de porter un miracle parfait,

Mais qui se doit sentir du refus qu'on me fait.
Mes armes ne feront qu'augmenter votre gloire,
Car si dans vos états j'acquiers une victoire,
Je remets à vos pieds ma conquête à genoux ;
Et le roi, trop heureux, la reprendra de vous.
Et vous rendrez par moi, quand je serai le maître,
Et le bien et l'honneur à qui vous devez l'être.

MIRAME.

Puis-je avoir de la gloire avec tant de malheur?

ARIMANT.

En faveur d'un amant, souffrez quelque douleur.

MIRAME.

Si mon père à l'hymen se tient toujours contraire?

ARIMANT.

J'aurai l'heur de vous voir, qu'à tout heur je préfère.

MIRAME.

Alors tous vos désirs seront-ils satisfaits?

ARIMANT.

C'est le but de la guerre et non de mes souhaits.
Ayant reçu l'arrêt d'une triste défense,
Je n'ose plus parler d'une autre récompense.
Nous désirons des biens hors de notre pouvoir,

Qu'on ne peut mériter, mais qu'on peut recevoir.
C'est assez m'expliquer; mon amour, sois modeste!
Votre esprit pénétrant peut bien penser le reste.
Mais puisqu'un tel espoir me flatte vainement,
Puisque je vois Mirame injuste à son amant,
Puisque ce qui se peut, pour moi n'est pas loisible,
Par la guerre mon bras tentera l'impossible.
Je meurs de ne pas faire encor ce que je doi.

MIRAME.

Ce discours d'Arimant est plus séant à moi;
Quand je pense aux faveurs que mon amour lui donne,
Je ne suis pas des lois que mon devoir m'ordonne.
Je meurs de ne pas faire ici ce que je doi,
Car je fais trop pour lui, s'il fait trop peu pour moi.

ARIMANT.

Faire trop peu pour vous, malheureuse impuissance!
Recevoir trop de vous, quelle obligeante offense!

MIRAME.

Je sais que doublement j'offense mon devoir.
Sans témoins et de nuit ici me laisser voir,
C'est mettre dans mon cœur cent témoins qui sans cesse
Lui pourront reprocher son crime et sa faiblesse.

PIÈCES JUSTIFICATIVES.

Mais je veux bien faillir; et, par ce seul effet,
Je fais plus que pour moi vous n'avez jamais fait.
Si le malheur voulait qu'on sût notre entrevue,
Arimant ne perd rien, mais Mirame est perdue;
Il peut bien arriver que vos projets soient vains :
Mais vous n'aurez jamais qu'honneur de vos desseins.
Pour moi, je puis des miens recevoir de la honte;
Ainsi hasardant plus, mon amour vous surmonte.
Toutefois cette honte a pour cause un amour
De qui la pureté peut bien paraître un jour,
Un amour où reluit une innocente flamme.
Oui, pourvu que les dieux, Arimant et Mirame
Sachent qu'à d'autre mal je ne puis consentir,
Je le commets sans honte et sans m'en repentir;
Ma vertu répondra toujours à ma naissance.
Mais que prétendez-vous avec tant de puissance?
Attaquer mon pays est s'attaquer à moi.
Me vouloir voir par force est m'imposer la loi.
Pensez-vous m'obliger, me cherchant de la sorte?
Je ne puis excuser l'amour qui me transporte.
Vous m'armez contre vous, armant contre mon roi;
Vous aimant, vous m'armez moi-même contre moi.

En ce cas, mon honneur au combat se prépare,
Et contre mon amour ma raison se déclare.

ARIMANT.

Vous armer contre vous? ah! que vous m'affligez!
Que si vos sentimens se trouvent partagés,
Mettez ce cœur en deux, afin qu'il puisse prendre
Tous les divers partis dont vous voudrez vous rendre.

MIRAME.

Et toutefois, je crains.

ARIMANT.

     Quoi? vous suis-je suspect
De trop d'ambition et de peu de respect?
Craignez-vous mon épée? Ah! je brise mes armes:
Et puisque vous doutez du pouvoir de vos charmes,
Je quitte mon épée, et déteste mon bras.
Je ne veux plus de cœur; mais, dieux! je ne puis pas
Me passer de mon cœur pour vous aimer sans cesse.
Je renonce à sa force et garde sa tendresse.

MIRAME.

Etes-vous raisonnable, Arimant? quel transport!
Êtes-vous furieux, êtes-vous vif ou mort?
Un mot vous désespère et vous met en furie.

Je ne veux plus parler.

ARIMANT.

Ah! parlez, je vous prie.

MIRAME.

Votre épée, Anténor, mais ne la rompez pas,
Je vous en fais présent et vous offre mon bras.
Mais, quant à votre cœur, le partage m'en blesse :
Je le veux tout entier avec force et tendresse.
Mais vous aurez le mien; et, seul vous animant,
Vous vivrez pour moi seule, et par moi seulement;
Si vous avez le mien à la place du vôtre,
Vous aurez tous les deux, puisque l'un est dans l'autre.

ARIMANT.

Ah! quel excès de gloire! Ah! quel excès de bien!
Ce présent, votre bras, votre cœur pour le mien?
Votre cœur? et le mien? tout me sera possible;
Et je me ferai voir désormais invincible.

ALMIRE.

Un moment en amour peut troubler les plus forts :
Puis un autre moment apaise leurs transports.

ARIMANT.

Je veux suivre vos lois dans l'ardeur qui m'inspire.

20

Qu'ordonnez-vous de moi?

MIRAME.

Je ne sais que vous dire;
Mais je tremble en pensant que je vais engager
Mon père et mon honneur, et vous dans le danger.
Je puis les perdre tous, si Mars n'est pas propice;
Et perdant l'un des trois, il faut que je périsse.

ALMIRE.

Comment perdre le roi? quelle inutile peur?
Sera-t-il au combat?

MIRAME.

J'ai son sang dans le cœur;
Je sens qu'il y veut être.

ALMIRE.

Il a l'ame bien haute;
Mais nous le retiendrons, il ferait une faute.

MIRAME.

Au moins je vous hasarde et mon honneur aussi.

ALMIRE.

Tous deux seront vainqueurs.

MIRAME.

Le ciel le veuille ainsi!

C'est là l'unique espoir où mon esprit se fonde.
Mais si je perds l'honneur, je ne puis vivre au monde :
Si je perds Arimant, je mourrai de douleur,
Et si je perds le roi, je suivrai son malheur.

ARIMANT.

Vous cherchez vainement des sujets de vous plaindre :
Perdez tous ces soupçons, vous n'aurez rien à craindre.

MIRAME.

Qui peut cacher aux dieux les injustes desseins?
Ils lisent dans les cœurs ; je dois craindre, et je crains.

ARIMANT.

Rien n'est injuste en vous, bannissez toute crainte.

MIRAME.

Si mon honneur pourtant souffre la moindre atteinte,
Je ne puis être à vous.

ARIMANT.

Peut-il être blessé?
Peut-il être pour moi par moi-même offensé?

MIRAME.

S'il l'est, je suis indigne et de vous et de vivre.
Dans vos hardis desseins j'ai honte de vous suivre,
Et ne les suivant pas, avec raison je croi

Que qui me veut par force, est indigne de moi.

ARIMANT.

Je vois donc sans espoir cet objet plein de gloire
Dont même je serais indigne en ma victoire.
Quoi ! j'en suis donc indigne, et le serai toujours.
Pleure, Arimant, le sort de tes tristes amours.
Quoi ! je ne l'aurai pas, et ne la puis prétendre?
Consomme-toi, mon cœur, et te réduis en cendre !
Peux-tu vivre, Arimant, sans posséder son cœur ?
Qu'Amazor, mon rival, soit plutôt mon vainqueur.
Veux-je la posséder lui faisant une injure?
Y penser est un crime horrible à la nature,
A la terre, à moi-même, aux puissances des Cieux,
Qu'on ne peut expier qu'en mourant à vos yeux.

MIRAME.

Eh quoi ! de mon épée?

ARIMANT.

Et de plus, par vos charmes,
Par vos divins attraits, pour vous et par vos armes.

ALMIRE.

Il faut vivre, Arimant, sans plus vous tourmenter.

ARIMANT.

Quoi ! vivre sans pouvoir jamais la mériter ?

MIRAME.

C'est trop la mériter que de vivre pour elle.

ALMIRE.

Il faut vaincre de plus.

ARIMANT.

Bien, je vivrai fidèle ;
Et, si Mirame veut, je vaincrai sûrement.

ALMIRE.

Suivez tous vos desseins, allez, heureux amant.

MIRAME.

J'y consens.

ARIMANT.

C'est assez.

MIRAME.

Surtout, que cette épée,
Au sang de mes parens ne soit jamais trempée.

ARIMANT.

Mais bien plutôt au mien, je vous en puis jurer.

MIRAME.

Le jour commence à naître, il faut se retirer.

ARIMANT.

Mais non, ce sont vos yeux qui font cette lumière.

MIRAME.

Le soleil toutefois commence sa carrière.

ARIMANT.

Ah! soleil, trop jaloux ou plein de vanité,
Qui crois sur l'horizon faire voir ta beauté,
Sais-tu bien qu'en éclat Mirame te surmonte?
Ne te hâte pas tant, pour paraître à ta honte.
Ah! retarde un moment, cesse un peu de courir :
Hélas! tu fais tout vivre, et tu me fais mourir.

MIRAME.

Il vous chasse, et sans fruit vos discours l'entretiennent.

ARIMANT.

Un astre me bannit : deux plus beaux me retiennent.

MIRAME.

Il faut nous séparer.

ARIMANT.

Je le veux, et ne puis.
Comment le puis-je faire en l'état où je suis?
Malgré tous les appas que vos regards répandent,
Votre bouche le veut, vos yeux me le défendent.

Détournez vos regards.

MIRAME.

Je n'ai pas le pouvoir
De perdre un des momens qui restent à vous voir.
Prince, retirez-vous.

ARIMANT.

Que faut-il que je fasse ?
Mirame en même temps me retient et me chasse.
Je veux vous obéir et ne puis vous quitter.
Retardant mon départ, que dois-je redouter ?
La mort ? en vous laissant je vais perdre la vie.
Les fers ? ma liberté par vous me fut ravie.
Les tourmens ? sans vous voir j'aurai mille douleurs.
La honte ? le mépris ? l'outrage ? les malheurs ?
La perte de l'espoir d'une grande victoire ?
Sans vous voir, je ne veux ni puissance ni gloire.
Ambitieuse ardeur qui flattiez mes desirs,
Autorité, fortune, éclat, pompe, plaisirs,
Honneurs, palmes, lauriers, grandeurs, sceptre, couronne,
Pour voir cette beauté mon cœur vous abandonne.
Venez, tous les ennuis, venez, tous les tourmens;
Pertes, craintes, dangers, douleurs, saisissemens,

Venez tous à la fois pour renverser ma joie;
Je ne vous fuirai point, pourvu que je la voie.

MIRAME.

Prince, consolez-vous : votre vive douleur
En même temps m'oblige et me perce le cœur.
Pensez qu'en demeurant au cœur de votre amante,
Vous ne la quittez point, elle vous est présente.
Elle vous suit partout : vous quitterez ce lieu,
Et sans nous séparer, et sans besoin d'adieu.
Le quitter est un mal, mais j'en crains bien un autre.

ARIMANT.

M'éloigner est ma perte, et tarder est la vôtre.
Doncques il faut quitter ce bienheureux séjour.

MIRAME.

Oui, je vous en conjure au nom de notre amour.

ARIMANT.

Quoi donc, contre lui-même Amour me sollicite ;
Amour m'a fait venir, veut-il que je vous quitte?

MIRAME.

Il le veut, il le faut.

ARIMANT.

Dur combat de mes sens!

MIRAME.

Prince, je ne dis pas tout l'ennui que je sens;
C'est trop, retirez-vous?

ARIMANT.

Adieu donc, ma lumière.
Je ne puis vous quitter, quittez-moi la première.

MIRAME.

Que ne puis-je plutôt me noyer dans mes pleurs.
Adieu donc!

ARIMANT.

Ah! ma vie! ah! mon ame! ah! je meurs.

ACTE V.

SCÈNE VII.

LE ROI, ALMIRE, AZAMOR, MIRAME, ACASTE,
ALCINE, L'AMBASSADEUR.

LE ROI.

Mirame n'est point morte? Almire, est-il possible?

ALMIRE.

Sire, elle ne l'est point.

LE ROI.

Comment?

ALMIRE.

Ne pouvant pas
L'empêcher par raison de courir au trépas,
J'ai feint que j'approuvais un dessein si tragique,
Qu'elle pouvait mourir par une herbe colchique,
Qui de la seule odeur tuait en un moment;
Mais au lieu de tuer, elle endort seulement;
Et Médée en usa pour siller la paupière
Du dragon qui jamais ne perdait la lumière.
J'en gardais en secret, je courus la quérir;
J'en porte, elle la sent, et dort pensant mourir.
Je l'ai sentie aussi, mais non si long-temps qu'elle;
Aussi j'ai moins dormi.

AZAMOR.

L'agréable nouvelle!

LE ROI.

J'estime ton esprit, j'approuve ton conseil.
Allons la secourir.

PIÈCES JUSTIFICATIVES. 315

AZAMOR.

Courons à son réveil ;
Puis tâchons d'apaiser le transport qui l'anime.
Que le ciel pour le moins me décharge d'un crime ;
Mais, cher frère, ton sang en ces lieux épanché
Sans cesse par mon sang me sera reproché.

LE ROI.

Son somne est éternel, tu nous trompes, Almire.

ALCINE.

Grand prince, elle dit vrai, la princesse respire !
Elle s'éveille enfin.

MIRAME.

Sombres et tristes lieux,
Au moins laissez-moi voir le souhait de mes yeux.

AZAMOR.

O bons dieux ! elle vit !

MIRAME.

Où sommes-nous, Almire.
D'où vient ce jour si grand dedans le noir empire ?
Chère Almire, vient-il de l'éclat radieux
Que l'ame d'Arimant répand dans ces bas lieux ?
Je ne puis soutenir sa brillante lumière.

Prince, mon espérance et première et dernière,
Venez me recevoir, je cours après vos pas.
Faites qu'on vous entende où l'on ne vous voit pas.

ALMIRE.

Il n'est point en ces lieux.

MIRAME.

                O cruelle aventure!
Il erre au bord du fleuve étant sans sépulture.
Que vois-je?

ALMIRE.

Votre père.

MIRAME.

           Almire, il est donc mort?
Et le roi de Phrygie? ont-ils suivi mon sort?
Pardon, mon roi, mon père.

LE ROI.

              Eh bien! je vous pardonne.
Ma fille, il ne faut pas que je vous abandonne.
Oui, je vous viens chercher en ce lieu bien heureux,
Mais admirez l'ardeur de ce prince amoureux.
Il vous cherche en tous lieux: il veut toujours vous suivre.
Nous vivrons tous ensemble.

PIÈCES JUSTIFICATIVES.

MIRAME.

Ah! parlez-vous de vivre?
Ce mot est-il permis où domine la mort?

LE ROI.

Oui, Mirame, il faut vivre, et, par un bel effort,
Vaincre de votre cœur la douleur obstinée.
Agréez d'Azamor le royal hyménée.
Nous ne sommes point morts, ni lui, ni vous, ni moi;
Arimant de la Parque a seul senti la loi.
Mais s'il vivait encore, il vous prîrait lui-même
D'accepter les desirs d'un frère qui vous aime.
Azamor est son frère, et vous prendrez plaisir
D'en apprendre l'histoire avec plus de loisir.
Ici sont les jardins de la belle Héracléo,
Ici de vos amis est la troupe assemblée.

MIRAME.

Ah! traîtresse, je vis.

ALMIRE.

Quittez votre fureur.

MIRAME.

Ah! son sang en autrui me donne de l'horreur.
Son frère pour époux? O malheureuse amante,

Qui même sans ton ame est encore vivante;
Faut-il qu'en ta douleur pour comble de tourment,
On te présente encor son frère pour amant?
Et qu'on pense qu'un nœud peut être légitime
Où son sang pour jamais te reprochât ton crime?
Son frère pour époux! propos injurieux
Dont mon amour s'irrite et se rend furieux.
Son frère pour époux! plus il lui serait proche,
Je croirais de plus près en sentir le reproche.
C'est inceste en amour et digne d'un bourreau,
Que de s'unir au sang d'un amant au tombeau.

AZAMOR.

Non, je ne prétends pas, équitable Mirame,
Que vous deviez penser à soulager ma flamme.
Je prétends seulement le pardon d'un trépas
Que moi-même à mon cœur je ne pardonne pas.
Je vais trouver mon frère, et de vos feux fidèles
Je m'en vais lui porter les aimables nouvelles.

SCÈNE DERNIÈRE.

LE ROI, SOLDAT, AZAMOR, MIRAME, ALMIRE, L'AMBASSADEUR, ACASTE, ALCINE, ADRASTE.

SOLDAT.

Sire, j'ose en ce lieu prendre la liberté
D'annoncer un bonheur à Votre Majesté.
Arimant n'est point mort.

LE ROI.

O dieux ! est-il possible ?

MIRAME.

Pourrait-il m'arriver un bonheur si sensible ?

SOLDAT.

Ce prince entre nos bras n'était qu'évanoui.

AZAMOR.

Quoi ! mon frère est vivant ? que je suis réjoui !

SOLDAT.

Son coup par un bonheur coule au long d'une côte ;
L'esclave avait failli.

AZAMOR.

La bien heureuse faute !

SOLDAT.

Le sang qu'il a versé causait sa pamoison.
Le coup n'est point mortel ; mais pour sa guérison
Il faut lui faire voir la beauté qu'il adore :
Car s'il ne la voit point, il veut mourir encore ;
On a fermé sa plaie : il tâche à la rouvrir.

MIRAME.

Ah ! dieux ! le puis-je voir ? puis-je le secourir ?

AZAMOR.

Je te surmonte, amour, sans être un infidèle.
Ce qu'elle a fait pour lui, ce qu'il a fait pour elle,
Couronne leur amour et rompt mes déplaisirs.
Dedans mon propre sang j'étouffe mes désirs.
En dépit de mes feux la raison la lui donne.

LE ROI.

Prince, la cédez-vous ?

AZAMOR.

L'amour même l'ordonne.
Je la cède à l'amant qui possède son cœur ;
Arimant est vaincu, mais mon frère est vainqueur.
La cédant à mon sang, je la cède à moi-même :
Et consens que mon bien se donne à ce que j'aime.

MIRAME.

Vous me perdez pour femme et m'acquérez pour sœur.

LE ROI.

De deux amants conjoints vous serez possesseur.

AZAMOR.

Je serai trop heureux.

MIRAME.

Ah! quel excès de gloire !
Céder à son rival le prix de la victoire,
Et mêmes en vivant : le voulez-vous, grand roi?

LE ROI.

Puisqu'un amour constant engage votre foi,
Qu'Azamor y consent, qu'Arimant est son frère,
Qu'il hérite d'un sceptre, il vous faut satisfaire.

MIRAME.

Ah! père sans exemple! Ah! prince généreux!

LE ROI.

Que l'on délivre Arbas ; allez, soyez heureux !

FIN DES PIÈCES JUSTIFICATIVES.

TABLE DES MATIÈRES.

CHAPITRE PREMIER. — Le Palais-Cardinal, depuis Palais-Royal, bâti et habité par le cardinal de Richelieu, 1629—1642.................................... 1

CHAP. II. — Le Palais-Cardinal, devenu Palais-Royal sous la régence d'Anne-d'Autriche, 1643—1652... 17

CHAP. III. — Le Palais-Royal habité par Henriette-Marie, reine d'Angleterre, 1652—1661............ 57

CHAP. IV. — Le Palais-Royal sous Philippe de France, duc d'Orléans (Monsieur), frère de Louis XIV, 1661—1701.................................... 63

CHAP. V. — Le Palais-Royal sous Philippe, duc d'Orléans, régent, 1701—1723...................... 86

CHAP. VI. — Le Palais-Royal sous Louis, duc d'Orléans, fils du régent, 1723—1752...................... 116

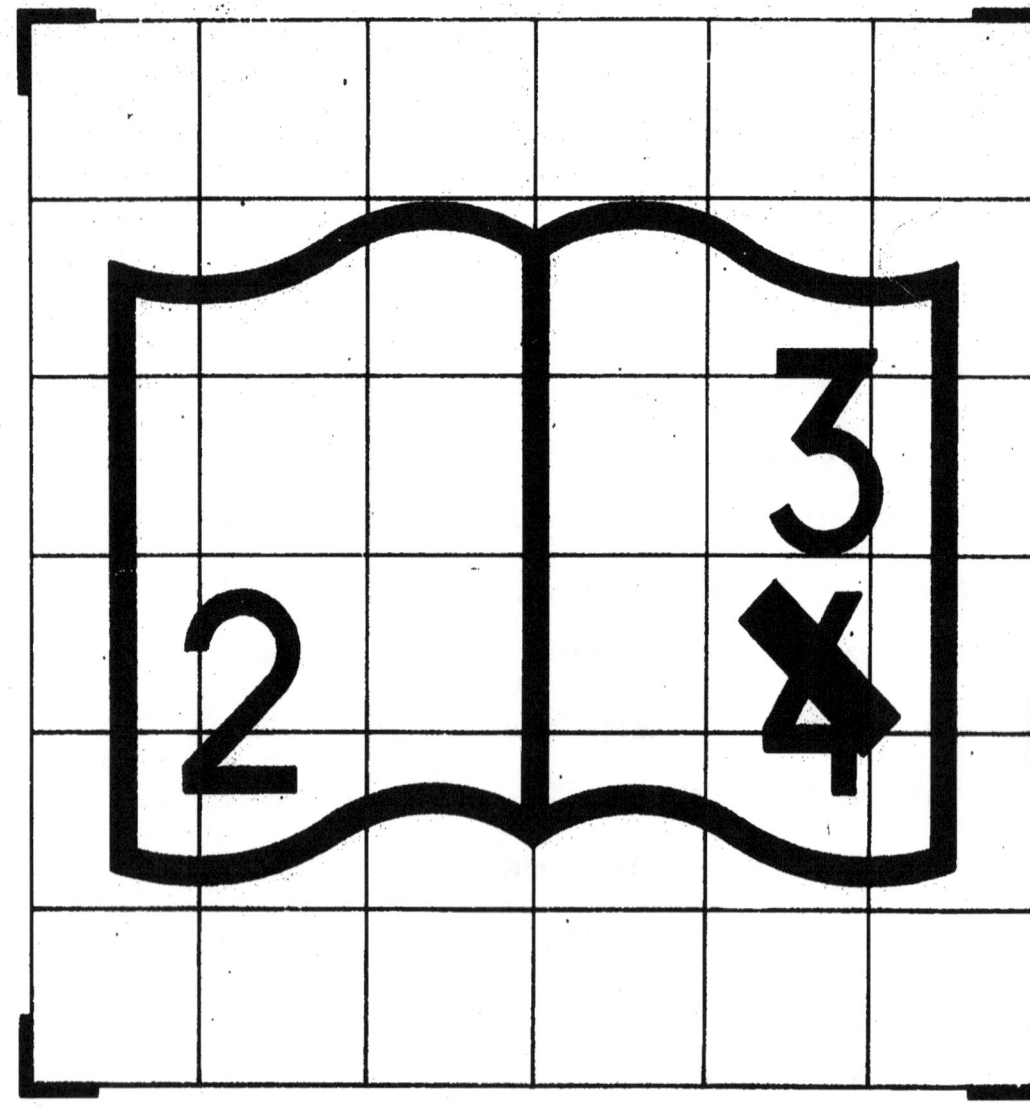

Chap. VII. — Le Palais-Royal sous Louis-Philippe, duc d'Orléans, 1752—1780........................ 122

Chap. VIII. — Le Palais-Royal sous Louis-Philippe-Joseph, duc d'Orléans, 1780—1793............ 140

Chap. IX. — Le Palais-Royal depuis sa réunion au domaine de l'État, 1793—1814.................... 196

Chap. X. — Le Palais-Royal sous Louis-Philippe, duc d'Orléans, 1814—1830......................... 208

PIÈCES JUSTIFICATIVES.

Mariage de Philippe de France (Monsieur), avec Henriette-Anne-d'Angleterre. (Extrait des registres des actes de mariage de la paroisse Saint-Eustache, à Paris)................................ 247

Lettres-patentes du roi, portant don par sa majesté à *Monsieur*, son frère unique, et à ses enfans mâles, du Palais-Royal, par augmentation d'apanage..... 250

Observations sur la collection de tableaux du Régent. 255

Liste des tableaux modernes composant la galerie du Palais-Royal en 1830 258

Sommaire de la division par année des travaux du Palais-Royal 291

Mirame, tragi-comédie, attribuée au cardinal de Richelieu 295

FIN DE LA TABLE.

www.ingramcontent.com/pod-product-compliance
Lightning Source LLC
Chambersburg PA
CBHW060502170426
43199CB00011B/1299